PASO A PASO

B

Mujeres bordando *(embroidering)* en Antigua, Guatemala

PASO A PASO

B

Myriam Met
Coordinator of Foreign Languages
Montgomery County Public Schools
Rockville, MD

Richard S. Sayers
Longmont, CO

Carol Eubanks Wargin
Glen Crest Junior High School
Glen Ellyn, IL

Harriet Schottland Barnett
Manhattanville College
Purchase, NY
formerly of the Dobbs Ferry (NY)
Public Schools

Prentice Hall

Glenview, Illinois
Needham, Massachusetts
Upper Saddle River, New Jersey

Visit our Web site at http://www.pasoapaso.com

ISBN: 0-673-59199-9

4 5 6 7 8 9 10 DOC 03 02 01 00

Prentice Hall
Upper Saddle River, New Jersey 07458

Acknowledgments

Chapter 9, p. 140: Adapted from "Pregúntele al Doctor: Alergias y asma" by James Rubin, M.D., from *Familia Ciudad*, primavera 1995, Vol. III, Nº 1, pp. 15 & 17. Copyright © 1994 by City Family, Inc. Reprinted by permission of City Family, Inc.

Chapter 11, p. 209: "¡Cuidado con el televisor!" from *Diario*, Wednesday, August 8, 1992, p. 1-A. Reprinted by permission.

Acknowledgments for illustrations and photographs appear on page 340. The acknowledgments section should be considered an extension of the copyright page.

Contributing Writers

Madela Ezcurra
New York, NY

Gail Glover
San Antonio, TX

Mari Haas
Teachers College
Columbia University

Lori Langer de Ramírez
Poly Prep Country Day School
Brooklyn, NY

Albert T. Martino, Jr.
Chairperson, Foreign Languages
Norwich City School District
Norwich, NY

Jacqueline Hall Minet
Brooklyn, NY

Zenaida Merced de Muslin
Upper School Spanish Teacher
Bank Street School for Children
New York, NY

Graciela Vidal
New York, NY

Reader Consultants

The authors and editors would like to express their heartfelt thanks to the following team of reader consultants. Each of them read the manuscript, chapter by chapter, offering many suggestions and providing continual encouragement. Their contribution has been invaluable.

Sheree Altmann
Simpson Middle School
Marietta, GA

Isabel A. Bayon
Head, Foreign Languages
Bancroft School
Worcester, MA

Carolyn Bowman Carroll
Fairfax County Public Schools
Fairfax, VA

Lloyd Adolph Emshoff, M.A.
Teacher, Department Chair
El Toro High School
Lake Forest, CA

David B. Graham
Foreign Language Chairperson
Plainview–Old Bethpage Central
   School District
Plainview, NY

Kerri Holman
Eckert Intermediate
Aldine Independent School District
Houston, TX

Lewis C. Johnson
Hook Junior High School
Victorville, CA

Nancy A. Lee
Lincoln Junior High School
Mount Prospect, IL

Valerie Bryant Mantlo
Short Pump Middle School
Glen Allen, VA

Kaaran Martin
Beverly Hills Intermediate
Pasadena Independent School District
Houston, TX

Risima Micevic–Sayler
Dakota Hills Middle School
Eagan, MN

Gonzalo Moraga
Walter B. Hill School
Long Beach Unified School
   District
Long Beach, CA

Luci Platas
Team Leader
Taylor Road Middle School
Fulton Co., GA

Christine S. Wells
Cheyenne Mountain Junior High School
Colorado Springs, CO

Carmine R. Zinn
Pinellas County Schools
Largo, FL

Tabla de materias

PASODOBLE

CAPÍTULO 7 ¿Adónde vas a ir de vacaciones?

Theme

► **Leisure and Vacation Time**

Objectives

► Discuss vacation choices and activities
► Talk about the weather
► Discuss what to take on a trip
► Talk about how young people in Chile spend their vacations

CAPÍTULO 8 ¿Qué haces en tu casa?

Theme
► **Home**

Objectives
► Tell where you live
► Describe your home
► Name household chores
► Discuss *patios* in Spain and *casitas* in New York City

CAPÍTULO 9 ¿Cómo te sientes?

Theme

► Health

Objectives

► Describe how you are feeling and tell where you hurt

► Ask how someone else is feeling

► Suggest things you or others can do to feel better and maintain good health

► Discuss health practices in the Spanish-speaking world

CAPÍTULO 10 ¿Qué hiciste ayer?

Theme
► Community

Objectives
► Name various places in your community
► Name things you do in your community
► Identify different means of transportation
► Compare and contrast a Spanish-speaking community in the United States with another community you are familiar with

Capítulo 11 ¿Qué te gustaría ver?

Theme
► Movies and TV Shows

Objectives
► Talk about TV shows and movies
► Tell when events begin and end, and how long they last
► Express and defend an opinion about TV shows and movies
► Compare and contrast Spanish-language TV shows with the TV shows you usually see

CAPÍTULO 12 ¡Vamos a un restaurante mexicano!

Theme
► Restaurants

Objectives
► Ask politely to have something brought to you
► Order a meal
► Say what you ate or drank
► Compare family dinners in the Spanish-speaking world and in the United States

CAPÍTULO 13 Para proteger la Tierra

Theme
► The Environment

Objectives
► Describe the natural environment
► List actions to protect the environment
► Discuss environmental dangers
► Name endangered species in the United States and the Spanish-speaking world and say what can be done to protect them

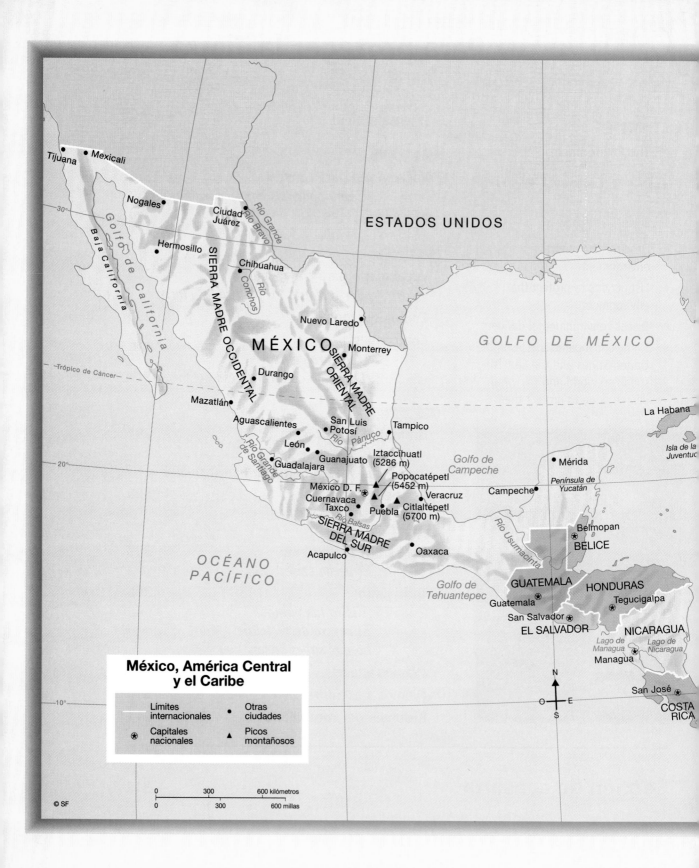

Tijuana • Mexicali

Nogales

Ciudad Juárez

Río Bravo

ESTADOS UNIDOS

Hermosillo

Río Conchos

Chihuahua

SIERRA MADRE OCCIDENTAL

GOLFO DE MÉXICO

Nuevo Laredo

Monterrey

Golfo de California

Baja California

MÉXICO

SIERRA MADRE ORIENTAL

Durango

Trópico de Cáncer

Mazatlán

Aguascalientes

San Luis Potosí

Río Pánuco

Tampico

Golfo de Campeche

La Habana

Isla de la Juventud

León

Río Grande de Santiago

Guanajuato

Iztaccíhuatl (5286 m)

Mérida

Península de Yucatán

Guadalajara

Popocatépetl (5452 m)

México D. F. ⊛

Veracruz

Campeche

Cuernavaca

Citlaltépetl (5700 m)

Taxco

Puebla

Río Balsas

SIERRA MADRE DEL SUR

Río Usumacinta

Belmopan ⊛

BELICE

Acapulco

Oaxaca

OCÉANO PACÍFICO

Golfo de Tehuantepec

GUATEMALA

HONDURAS

Tegucigalpa

Guatemala ⊛

San Salvador ⊛

EL SALVADOR

NICARAGUA

Lago de Managua

Lago de Nicaragua

Managua

San José ⊛

COSTA RICA

México, América Central y el Caribe

⎯⎯ Límites internacionales	• Otras ciudades
⊛ Capitales nacionales	▲ Picos montañosos

0	300	600 kilómetros
0	300	600 millas

© SF

XIV

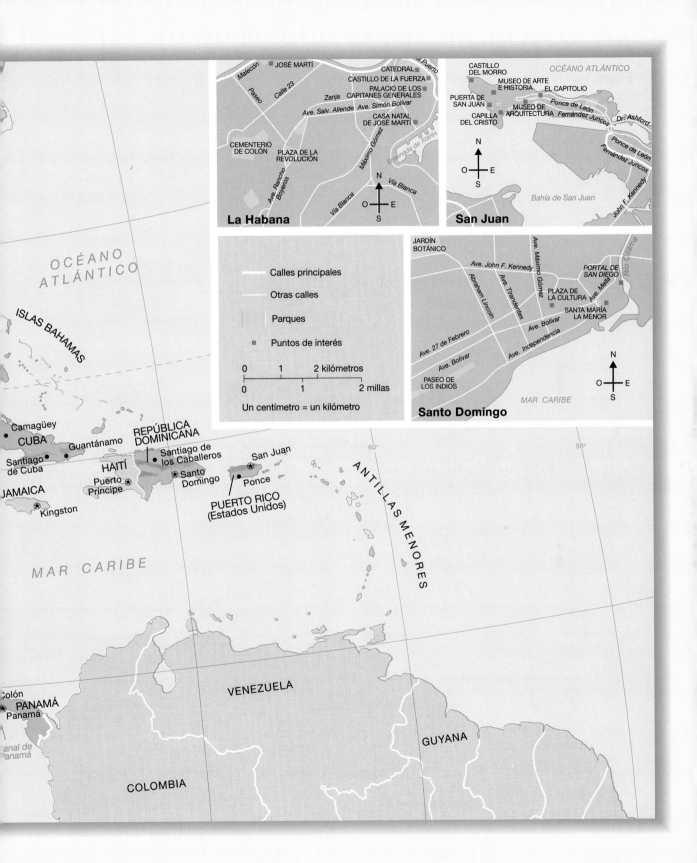

La Habana

Malecón
JOSÉ MARTÍ
Calle 23
CATEDRAL
CASTILLO DE LA FUERZA
Paseo
PALACIO DE LOS
CAPITANES GENERALES
Zanja
Ave. Salv. Allende   Ave. Simón Bolívar
CASA NATAL
DE JOSÉ MARTÍ
CEMENTERIO
DE COLÓN
PLAZA DE LA
REVOLUCIÓN
Máximo Gómez
Ave. Rancho Boyeros
Vía Blanca
Vía Blanca
Vía Blanca
Ensenada de Atarés

San Juan

CASTILLO
DEL MORRO
OCÉANO ATLÁNTICO
MUSEO DE ARTE
E HISTORIA
EL CAPITOLIO
PUERTA DE
SAN JUAN
MUSEO DE
ARQUITECTURA   Fernández Juncos
Ponce de León
Dr. Ashford
CAPILLA
DEL CRISTO
Ponce de León
Fernández Juncos
Bahía de San Juan
John F. Kennedy

Santo Domingo

JARDÍN
BOTÁNICO
Ave. John F. Kennedy
Ave. Máximo Gómez
Río Ozama
PORTAL DE
SAN DIEGO
Abraham Lincoln
Ave. Tiradentes
PLAZA
DE LA
CULTURA
Ave. Mella
SANTA MARÍA
LA MENOR
Ave. 27 de Febrero
Ave. Bolívar
Ave. Independencia
Ave. Bolívar
PASEO DE
LOS INDIOS
MAR CARIBE

_____ Calles principales
_____ Otras calles
        Parques
■   Puntos de interés

0   1   2 kilómetros
0   1   2 millas

Un centímetro = un kilómetro

OCÉANO
ATLÁNTICO

ISLAS BAHAMAS

Camagüey
CUBA
Guantánamo
Santiago
de Cuba
HAITÍ
REPÚBLICA
DOMINICANA
Santiago de
los Caballeros
San Juan
JAMAICA
Puerto
Príncipe
Santo
Domingo
Ponce
Kingston
PUERTO RICO
(Estados Unidos)

60°   50°

MAR CARIBE

ANTILLAS MENORES

Colón
PANAMÁ
Panamá
Canal de
Panamá

VENEZUELA

GUYANA

COLOMBIA

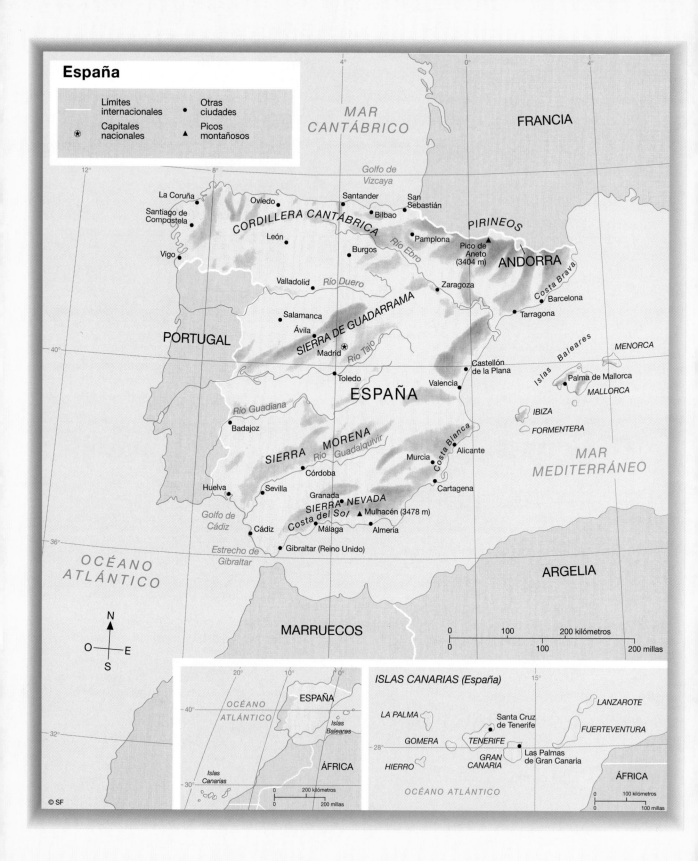

España

Límites internacionales
Capitales nacionales
Otras ciudades
Picos montañosos

MAR CANTÁBRICO

FRANCIA

Golfo de Vizcaya

La Coruña
Santiago de Compostela
Oviedo
Santander
San Sebastián
Bilbao
CORDILLERA CANTÁBRICA
PIRINEOS
Pamplona
León
Río Ebro
Pico de Aneto (3404 m)
ANDORRA
Vigo
Burgos
Zaragoza
Costa Brava
Valladolid
Río Duero
Barcelona
Salamanca
SIERRA DE GUADARRAMA
Tarragona
Ávila
PORTUGAL
Madrid
Río Tajo
Castellón de la Plana
Islas Baleares
MENORCA
Toledo
Valencia
Palma de Mallorca
ESPAÑA
MALLORCA
Río Guadiana
IBIZA
Badajoz
FORMENTERA
SIERRA MORENA
Río Guadalquivir
Costa Blanca
MAR MEDITERRÁNEO
Murcia
Alicante
Córdoba
Huelva
Sevilla
Cartagena
Granada
SIERRA NEVADA
Golfo de Cádiz
Costa del Sol
Mulhacén (3478 m)
Cádiz
Málaga
Almería
Gibraltar (Reino Unido)
Estrecho de Gibraltar
OCÉANO ATLÁNTICO
ARGELIA

N
O   E
S

MARRUECOS

0   100   200 kilómetros
0   100   200 millas

OCÉANO ATLÁNTICO
ESPAÑA
Islas Baleares
ÁFRICA
Islas Canarias
0   200 kilómetros
0   200 millas

ISLAS CANARIAS (España)
LA PALMA
LANZAROTE
Santa Cruz de Tenerife
FUERTEVENTURA
GOMERA
TENERIFE
HIERRO
GRAN CANARIA
Las Palmas de Gran Canaria
OCÉANO ATLÁNTICO
ÁFRICA
0   100 kilómetros
0   100 millas

© SF

XVI

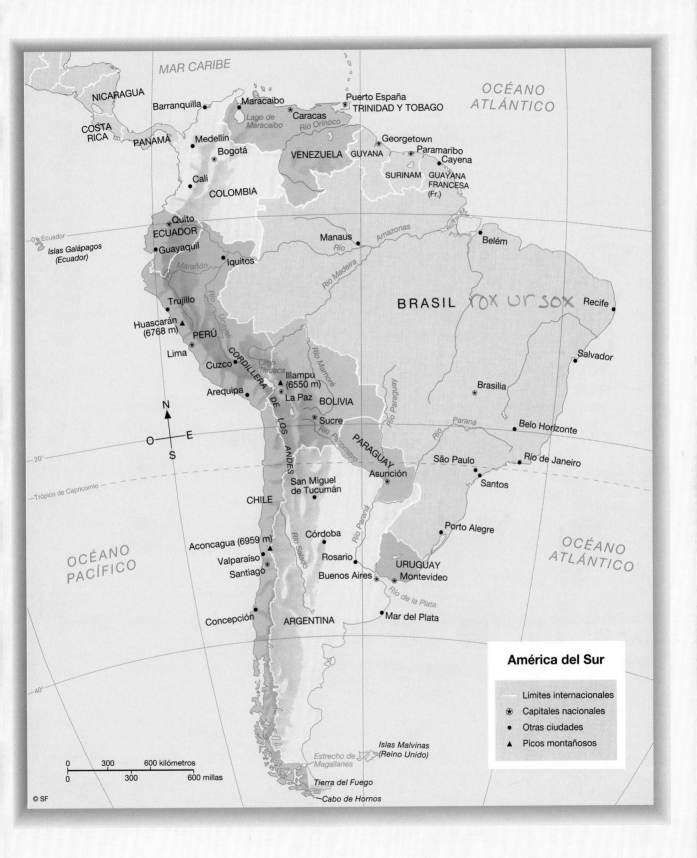

MAR CARIBE

OCÉANO
ATLÁNTICO

NICARAGUA

Barranquilla

Maracaibo

Puerto España
TRINIDAD Y TOBAGO

COSTA
RICA

Caracas

PANAMÁ

Lago de
Maracaibo

Río Orinoco

Medellín

Georgetown
Paramaribo
Cayena

Bogotá

VENEZUELA

GUYANA

SURINAM

Cali

GUAYANA
FRANCESA
(Fr.)

COLOMBIA

0° Ecuador

Quito

ECUADOR

Manaus

Amazonas

Belém

Islas Galápagos
(Ecuador)

Guayaquil

Río

Iquitos

Marañón

Río Madeira

BRASIL   rox ursox

Recife

Trujillo

Río Ucayali

Huascarán
(6768 m)

Salvador

PERÚ

Lima

Río Marmoré

CORDILLERA DE LOS ANDES

Lago
Titicaca

Cuzco

Illampu
(6550 m)

Brasilia

Arequipa

La Paz

BOLIVIA

Río Paraguay

N

Sucre

Belo Horizonte

O   E

Río Pilcomayo

Río Paraná

20°

Paraná

S

PARAGUAY

São Paulo

Río de Janeiro

Trópico de Capricornio

CHILE

San Miguel
de Tucumán

Asunción

Santos

Aconcagua (6959 m)

Córdoba

Río Salado

Río Paraná

Porto Alegre

OCÉANO
PACÍFICO

Valparaíso

Santiago

Rosario

URUGUAY

Montevideo

OCÉANO
ATLÁNTICO

Buenos Aires

Concepción

ARGENTINA

Río de la Plata

Mar del Plata

40°

América del Sur

Estrecho de
Magallanes

Islas Malvinas
(Reino Unido)

Límites internacionales

Capitales nacionales

0   300   600 kilómetros

Otras ciudades

0   300   600 millas

Picos montañosos

© SF

Tierra del Fuego

Cabo de Hornos

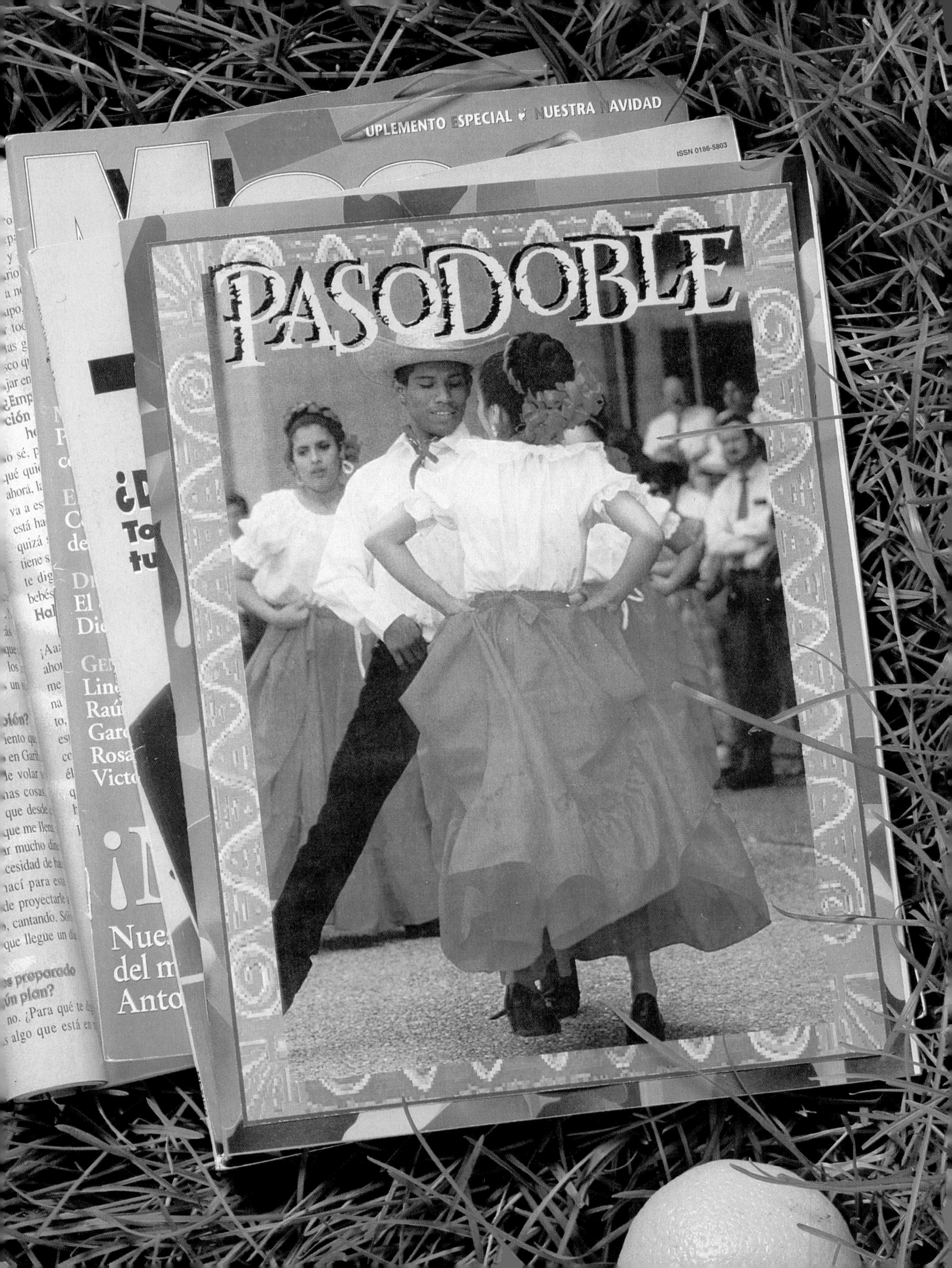
ISSN 0186-5803
PASODOBLE

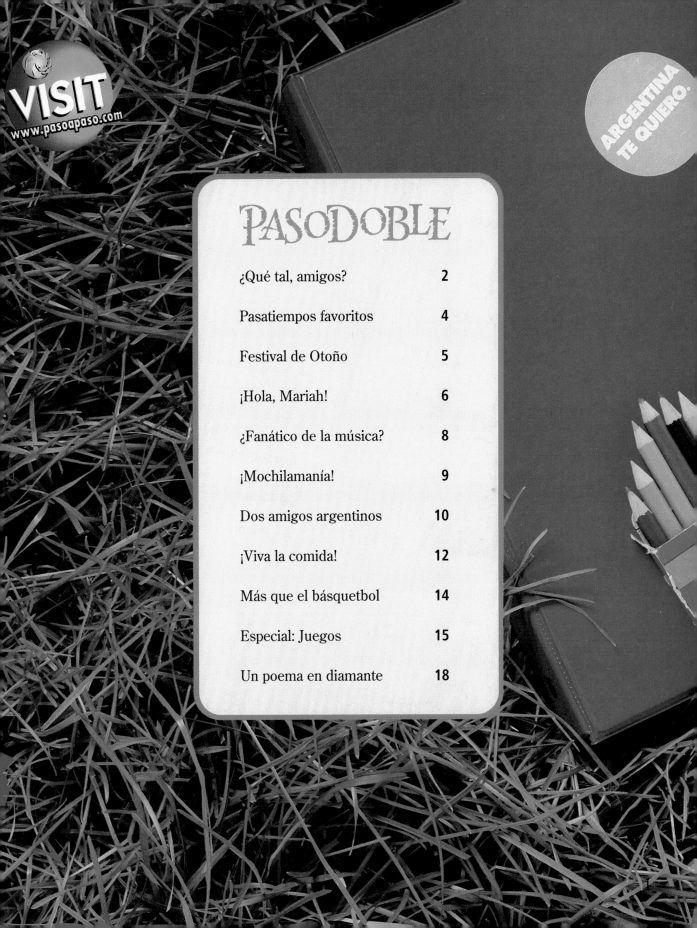

VISIT
www.pasoapaso.com

ARGENTINA
TE QUIERO.

PASODOBLE

¿Qué tal, amigos?

Estos jóvenes buscan amigos de correspondencia.

Nombre: Mónica Castro

Edad: 13 años

Dirección: Ponce, Puerto Rico

Descripción: Generosa, sociable y perezosa

Pasatiempos: Ir a la playa con mis amigos, jugar vóleibol después de las clases, escuchar música y dormir

Nombre: Eduardo Correa

Edad: **14 años**

Dirección: **Limón, Costa Rica**

Descripción: **Deportista, atrevido y desordenado**

Pasatiempos: **Los deportes (el fútbol y el béisbol) son mis favoritos), jugar con el perro y cocinar. ¡Me encanta comer!**

Nombre: Roberto Reyes

Edad: 13 años

Dirección: Montevideo, Uruguay

Descripción: Inteligente, gracioso y prudente

Pasatiempos: Jugar videojuegos, leer misterios y tocar la guitarra

¿Y tú?

1 ¿Cuántos años tienes tú?

2 ¿Cómo eres?

¿Trabajador(a) o perezoso(a)?
¿Ordenado(a) o desordenado(a)?
¿Generoso(a) o tacaño(a)?
¿Gracioso(a) o serio(a)?
¿Callado(a) o sociable?
¿Atrevido(a) o prudente?

3 ¿Cuáles son tus pasatiempos favoritos? Escribe cuatro actividades.

4 ¿Tienes un(a) amigo(a) de correspondencia? Si tienes uno(a), ¿cómo es? Si no, ¿te gustaría tener uno(a)?

5 Imagina que vas a escribir a uno de los muchachos: Mónica, Roberto, Paula o Eduardo. ¿A quién vas a escribir? ¿Por qué?

6 Now write your own pen-pal information, following the same format that's on the page from the magazine *(Nombre, Edad, Dirección, Descripción, Pasatiempos)*.

7 Compose three questions you would like to ask the person you named in question 5. With a partner, role-play the conversation between the pen-pal and yourself.

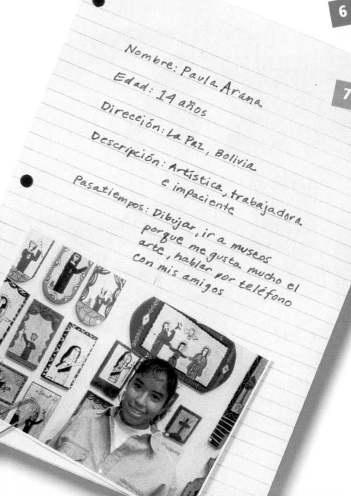

Nombre: Paula Arana

Edad: 14 años

Dirección: La Paz, Bolivia

Descripción: Artística, trabajadora e impaciente

Pasatiempos: Dibujar, ir a museos porque me gusta mucho el arte, hablar por teléfono con mis amigos

3

PASATIEMPOS *favoritos*

Los pasatiempos favoritos de los jóvenes que respondieron a la pregunta: "¿Qué pasatiempos prefieres tú?"

Jugar videojuegos

Ir al cine

Tocar un instrumento

Ir a fiestas

Leer libros

Practicar deportes

Ir a conciertos

Escuchar música

Ver la tele

Estar con amigos

¿Y tú?

1 Are your preferences the same as those of the young people who responded? Rewrite the activities above, ranking them from your most favorite (first) to your least favorite (last).

2 ¿Qué no te gusta hacer? Escribe tres cosas.

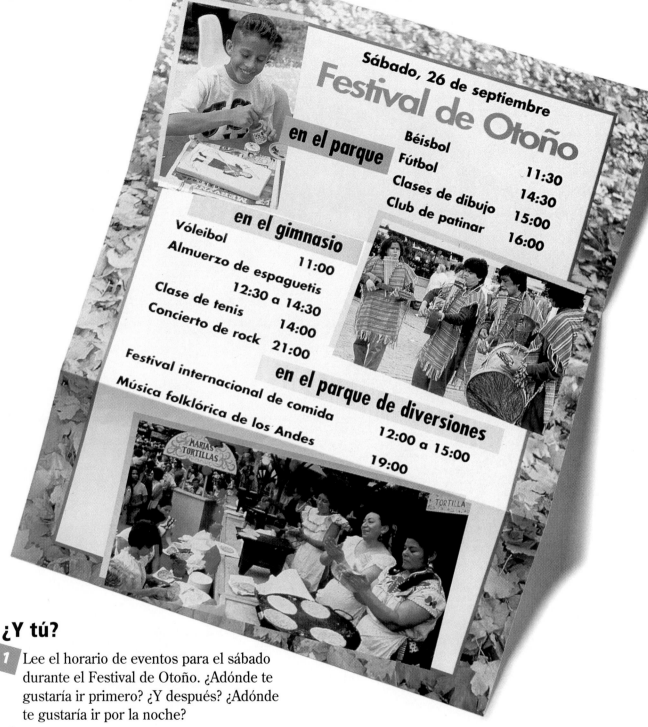

Sábado, 26 de septiembre
Festival de Otoño

en el parque
Béisbol	
Fútbol	11:30
Clases de dibujo	14:30
Club de patinar	15:00
	16:00

en el gimnasio
Vóleibol	11:00
Almuerzo de espaguetis	12:30 a 14:30
Clase de tenis	14:00
Concierto de rock	21:00

en el parque de diversiones
Festival internacional de comida	12:00 a 15:00
Música folklórica de los Andes	19:00

MARIAS TORTILLAS

TORTILLA

¿Y tú?

1 Lee el horario de eventos para el sábado durante el Festival de Otoño. ¿Adónde te gustaría ir primero? ¿Y después? ¿Adónde te gustaría ir por la noche?

2 ¿Qué haces generalmente los fines de semana?

El viernes por la tarde, yo . . .
El sábado por la mañana, . . .
Y por la noche, . . .
El domingo por la tarde, . . .

3 With a partner, choose four activities that the two of you might do at the festival. Be prepared to report to the class. (*En español, ¡claro!*)

5

¡Hola, Mariah!

Aquí tienes la oportunidad de conocer a una de las cantantes más populares en los Estados Unidos.

Nombre: *Mariah Carey*

Lugar de nacimiento: *Long Island, Nueva York*

Fecha de nacimiento: *27/3/68*

Pasodoble habla con Mariah.

PD: ¿De qué nacionalidad son sus padres?
MC: *Mi papá es venezolano y mi mamá es irlandesa.*

PD: ¿Cuántos años tenía Ud. cuando empezó a cantar?
MC: *Tenía cuatro años.*

PD: ¡Qué joven! ¿Por qué motivo empezó desde tan joven?
MC: *Mi madre es profesora de canto. Ella me enseñó.*

PD: ¿Cuáles son sus pasatiempos favoritos?
MC: *Cantar y dormir.*

PD: ¿Y su deporte favorito?
MC: *Me encanta nadar.*

PD: ¿Programa de televisión?
MC: *Beverly Hills, 90210*

PD: ¿Quién es su músico preferido?
MC: *¡Stevie Wonder!*

PD: ¿Cuál es su comida favorita?
MC: *La comida italiana.*

PD: ¿Qué hace Ud. los fines de semana?
MC: *Bueno, a veces me gusta ir a la playa y estar con mi madre y mis amigos.*

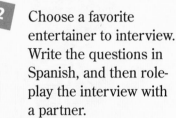

¿Y tú?

1 Look at the interview again. Did the interviewer address Mariah with *usted* or *tú?* Can you mention some examples that support your answer?

2 Choose a favorite entertainer to interview. Write the questions in Spanish, and then role-play the interview with a partner.

3 Entrevista a un(a) compañero(a). Puedes usar estas preguntas:

- ¿Cómo te llamas?
- ¿Cuándo es tu cumpleaños?
- ¿Cuál es tu dirección?
- ¿Cuál es tu color favorito?
- ¿Qué actor o actriz te gusta más?
- ¿Cuáles son tus pasatiempos favoritos?
- ¿Cuál es tu programa de tele favorito?
- ¿Qué te gusta comer?
- ¿Qué no te gusta hacer?
- ¿A quién admiras?

4 Ahora usa esas preguntas para entrevistar a un(a) profesor(a) de español.

¿Fanático de la música?

Responde en una hoja de papel.

1 Escuchas la radio
a. por la mañana.
b. por la tarde.
c. por la mañana, tarde y noche.

2 Cuando tu grupo favorito tiene un nuevo disco compacto,
a. lo compras después de dos o tres semanas.
b. lo escuchas en la casa de tu amigo.
c. lo compras inmediatamente.

3 Cuando tienes un nuevo casete,
a. lo escuchas una vez.
b. lo escuchas durante dos o tres días.
c. lo escuchas todos los días.

4 ¿Cuándo miras videos de música?
a. Nunca
b. Una vez por semana
c. Todos los días

5 Prefieres
a. leer sobre música.
b. ir a un concierto.
c. tocar en una banda.

Suma tus respuestas según estos valores: cada a = 1, cada b = 2, cada c = 3.

12–15 ¡La música es tu pasión! No necesitas nada más.

9–11 La música es importante para ti. ¡Te gusta mucho!

5–8 Te gusta escuchar música, pero prefieres otras actividades.

¡Mochilamanía!

**Los jóvenes españoles usan mochilas para ir a la escuela.
¿Qué puedes identificar?**

¿Y tú?

1 ¿Cuántas cosas puedes identificar?

un bolígrafo
una calculadora
un calendario
una carpeta
un cuaderno
un diccionario
una hoja de papel
un horario

un lápiz
un libro
un libro de direcciones
una manzana
un marcador
una mochila
una regla

2 ¿Qué necesitas para la clase de matemáticas?
¿Y para la clase de español?

3 ¿Qué tienes tú en tu mochila? Escribe cinco
cosas por lo menos.

9

Dos amigos *argentinos*

Claudia y Alejandro viven en Buenos Aires, la capital de Argentina. Son compañeros de clase y amigos. Claudia tiene catorce años y Alejandro tiene trece. Están en el segundo año de la escuela secundaria y a los dos les gusta la escuela. ¡Pero les gusta más ir al cine o a la piscina! *Pasodoble* habla con los dos jóvenes.

PD: ¿Cuáles son sus pasatiempos favoritos?

Alejandro: ¡Me encanta escuchar música!

Claudia: A mí también. Y me gusta nadar, leer y ver la tele.

PD: ¿Qué hacen Uds. los fines de semana?

Alejandro: En el verano vamos mucho a la piscina.

Claudia: Sí. Vamos con amigos. A veces también voy con mis padres y hermanitos.

Alejandro: En el invierno vamos al cine o de compras.

PD: ¿Y qué compran?

Alejandro: Generalmente compro un CD o un casete.

Claudia: Yo prefiero ir a una zapatería o a una tienda y buscar gangas. ¡Es genial comprar jeans y tenis baratos!

PD: ¿A qué hora van a la escuela?

Claudia: Hay un turno de mañana y otro de tarde. Nosotros vamos al turno que empieza a las ocho de la mañana y termina a la una de la tarde.

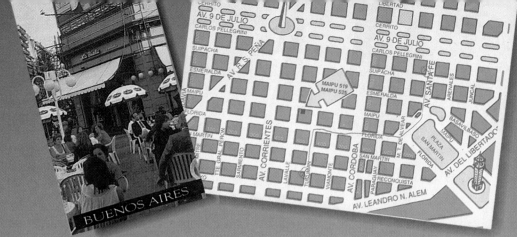

PD: ¿Qué les gusta más de la escuela?

Alejandro: La clase de historia. Y me gusta estar con mis amigos.

Claudia: A mí me gusta más la clase de ciencias. Quiero ser veterinaria. Y el profesor de ciencias es mi favorito. ¡Es paciente y muy gracioso!

PD: ¿Practican algún deporte?

Alejandro: Juego básquetbol y fútbol.

Claudia: Yo juego vóleibol. Y a veces, después de la escuela, voy a patinar.

PD: ¿Les gustaría visitar los Estados Unidos algún día?

Alejandro: Sí, especialmente cuando es invierno en Argentina, porque entonces es verano en los Estados Unidos.

Claudia: Creo que los chicos norteamericanos son más independientes. En Argentina, los padres son muy estrictos. Sí, me gustaría mucho visitar los Estados Unidos.

¡Viva la comida!

¿Qué sabes de la comida?
Responde en una hoja de papel.

1 El chocolate es una bebida de origen ___.
a. español
b. chino
c. azteca

2 ___ es una bebida del desayuno en los países donde se habla español.
a. La limonada
b. El café con leche
c. El té helado

3 Generalmente, en los países donde se habla español, el almuerzo es entre las horas de ___.
a. 1:00 y 3:00
b. 7:00 y 8:30
c. 11:00 y 12:00

4 La naranja es ___.
a. una verdura
b. una fruta
c. un refresco

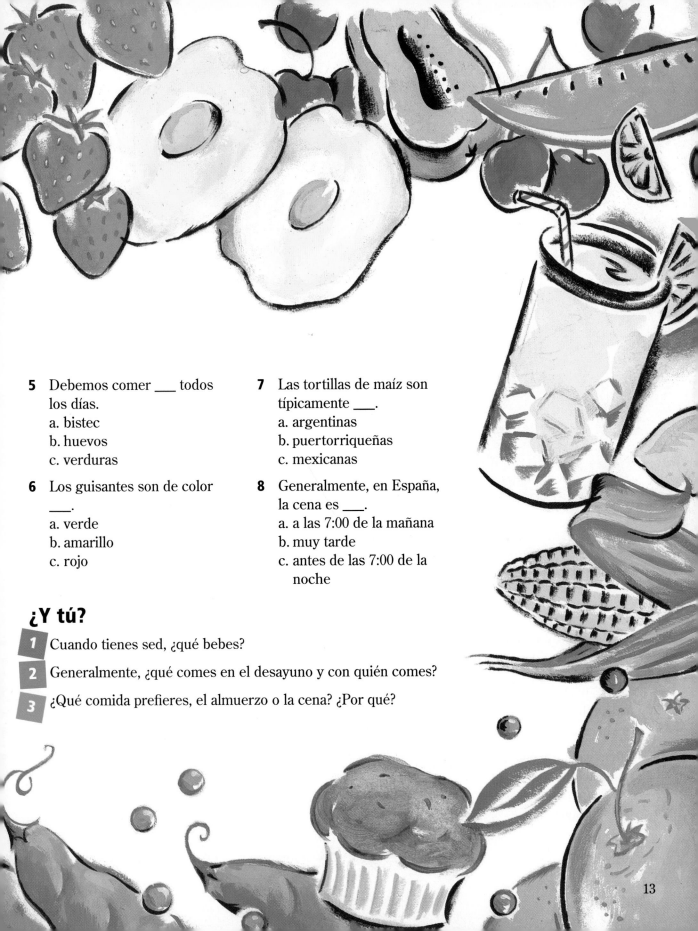

5 Debemos comer ___ todos los días.
a. bistec
b. huevos
c. verduras

6 Los guisantes son de color ___.
a. verde
b. amarillo
c. rojo

7 Las tortillas de maíz son típicamente ___.
a. argentinas
b. puertorriqueñas
c. mexicanas

8 Generalmente, en España, la cena es ___.
a. a las 7:00 de la mañana
b. muy tarde
c. antes de las 7:00 de la noche

¿Y tú?

1 Cuando tienes sed, ¿qué bebes?

2 Generalmente, ¿qué comes en el desayuno y con quién comes?

3 ¿Qué comida prefieres, el almuerzo o la cena? ¿Por qué?

¿Más que el básquetbol

Felipe López es un jugador genial. ¡Lo comparan con Michael Jordan! Pero, ¿quién es Felipe cuando no está jugando básquetbol?

Felipe es nativo de la República Dominicana. Le encantan el rap, el arroz con habichuelas y las matemáticas. Es el menor de cuatro hijos. Tiene dos hermanos y una hermana. Para él, lo más importante es la familia. Dice Felipe: "Mi familia me ayuda a resolver muchos de mis problemas."

Felipe es amable y generoso. En el verano, visita a la familia en su país. Él quiere ir a la República Dominicana para ayudar a construir escuelas y a organizar programas para los jóvenes.

Felipe tiene un mensaje muy específico para los jóvenes: ¡Deben estudiar! "Una persona necesita estudiar para saber qué quiere hacer en el futuro," dice el fabuloso Felipe.

¿Y tú?

1 With a partner, choose the statements in the article that, in your opinion, give the most important information about Felipe López.

2 After reading the article, how much do you know about Felipe? Copy the *Carnet de identidad* on a separate sheet of paper and fill it out.

3 Adapt the *Carnet de identidad* and fill it out for yourself.

4 ¿Quién es tu atleta favorito(a)? ¿Cómo es?

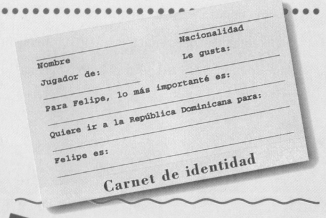

Nombre _____ Nacionalidad _____

Jugador de: _____ Le gusta: _____

Para Felipe, lo más importante es: _____

Quiere ir a la República Dominicana para: _____

Felipe es: _____

Carnet de identidad

¿Quién es?

Mateo es el hermano de Jaime.
Pablo es el hermano de Emilio.
Emilio es el padre de Jaime.
Samuel es el padre de Emilio.
¿Quién es el abuelo de Mateo?

Frutas y verduras

¿Cuántas frutas y verduras puedes ver en este mercado?

Haz una lista de las frutas y verduras que ves.

¡La ganga!

Hay 15 diferencias entre las dos ilustraciones.
¿Las puedes encontrar? Haz una lista en una hoja de papel.

PEDRO VERANO

CÓDIGO

Decode the secret message to find out the name of an endangered animal of Panama. Each number corresponds to a letter of the Spanish alphabet.

SECRETO

(HINT: The order is not A=1, B=2, etc.)

17–28   20–22–6–28–15–28   5–24–10–25–24

17

Un poema en
DIAMANTE

Mi hermano Miguel

gracioso, artístico

me escucha, me ayuda, me enseña

también es mi amigo

mi hermano Miguel

**¡Puedes ser poeta!
Lee las instrucciones
para hacer un poema en
forma de diamante.**

1 Decide sobre quién, o qué,
   quieres hacer el poema.
2 Escribe dos adjetivos.
3 Escribe tres verbos.
4 Escribe una frase simple.
5 Repite la primera línea.

Capítulo 7

¿Adónde vas a ir de vacaciones?

OBJECTIVES

At the end of this chapter,
you will be able to:

- discuss vacation choices and activities

- talk about the weather

- discuss what to take on a trip

- talk about how young people in Chile
  spend their vacations

Buceando en la laguna de Xel-Ha, Quintana Roo, México

¡Piénsalo bien!

Look at these photographs of four popular vacation spots in
Latin America. Which place would you most like to visit? Why?

"Quisiera visitar el Museo del Oro en Bogotá, Colombia...

...o tomar el sol en las playas de Punta del Este, Uruguay...

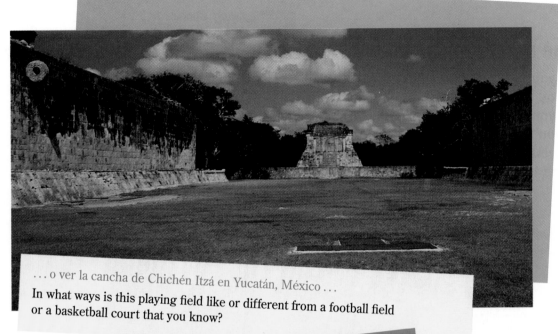

...o ver la cancha de Chichén Itzá en Yucatán, México...

In what ways is this playing field like or different from a football field or a basketball court that you know?

...o explorar las islas Galápagos en Ecuador."

The Galápagos Islands are located off the coast of Ecuador. What do you know about them? Do you know the name of a famous British scientist who visited the islands in the nineteenth century?

Vocabulario para conversar

At Home **VIDEO** Chapter 7 Vocabulary

¿Qué puedes hacer en México?

- As your teacher reads the name of each place, raise your hand if you have ever visited a place of that kind.
- As your teacher reads the name of each activity, raise your hand if you think it would be something fun to do.
- As your teacher names an activity, raise your hand if you've ever done that activity.

la selva tropical

el lago

el bote

pasear en bote

explorar la selva

los recuerdos

el museo

la cámara

las montañas

sacar fotos

la foto (f.)

esquiar

También necesitas . . .

la ciudad	*city*
el país	*country*
el lugar de interés	*place of interest*
descansar	*to rest*
quisiera	*I would like*
ir: (yo) fui	*to go: I went*
(tú) fuiste	*you went*
pasado, -a	*last (year, month, week)*
ninguna parte*	*nowhere, not anywhere*
para + *inf.*	here: *in order to*

¿Y qué quiere decir . . . ?
cuando
las vacaciones
ir de vacaciones
visitar

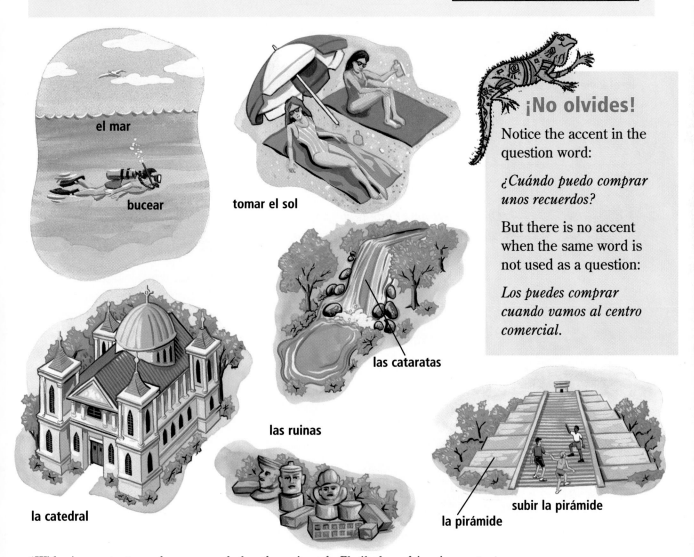

el mar

bucear

tomar el sol

¡No olvides!

Notice the accent in the question word:

¿Cuándo puedo comprar unos recuerdos?

But there is no accent when the same word is not used as a question:

Los puedes comprar cuando vamos al centro comercial.

las cataratas

las ruinas

la catedral

la pirámide

subir la pirámide

*With *ninguna parte* we always use *no* before the main verb: *El sábado **no** fui a ninguna parte.*

Empecemos a conversar

With a partner, take turns being *Estudiante A* and *Estudiante B*. Use the words that are cued or given in the boxes to replace the underlined words in the example. 💡 means you can make your own choices. When it is your turn to be *Estudiante B*, try to answer truthfully.

1 el año pasado A —*¿Adónde fuiste el año pasado?*
　　　　　　　　 B —*Fui a San Antonio.*
　　　　　　　　　　　 o: *No fui a ninguna parte.*

Estudiante A　　　　　　　　　　　　　　**Estudiante B**

a. el verano pasado　　d. el mes pasado
b. el invierno pasado　　e. el fin de semana
c. la semana pasada　　　　pasado

2 A —*¿Qué quieres hacer este invierno?*
　　 B —*Quisiera ir a las montañas para esquiar.*

Estudiante A　　　　　　　　　　　　　　**Estudiante B**

a.　　　　　　b.

c.　　　　　　d.

¡No olvides!

Remember that one of the four seasons is a feminine noun, so you will need to use *esta* with it.

3

A — *Voy de vacaciones <u>al mar</u>. ¿Qué puedo hacer?*
B — *Puedes <u>bucear</u>. También puedes . . .*

Estudiante A   Estudiante B

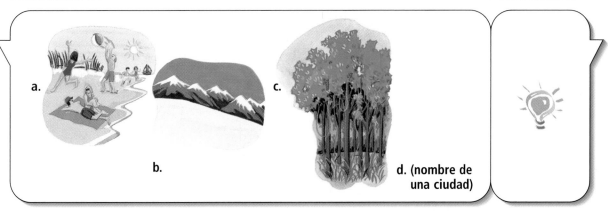

a.

b.

c.

d. (nombre de una ciudad)

4

A — *¿Qué lugares de interés prefieres, <u>los museos</u>*
     o <u>los centros comerciales</u>?
B — *Prefiero <u>los museos</u>.*
     o: Ni los museos ni los centros comerciales.
     Prefiero <u>los lagos</u>.

Estudiante A   Estudiante B

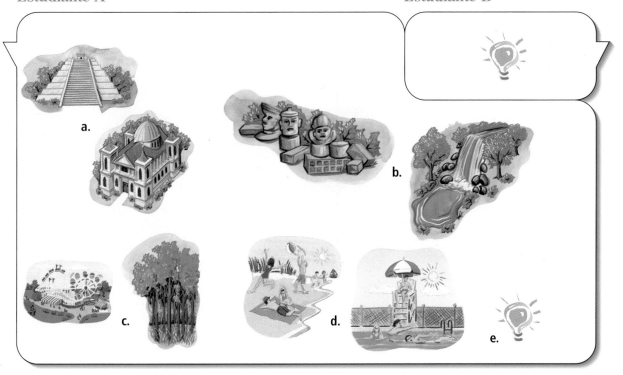

a.

b.

c.

d.

e.

Empecemos a leer y a escribir

Responde en español.

1 Which of these conversation fragments do *not* make sense? Identify them, then rewrite them to make better sense.

   a. Me encanta la playa porque me gusta nadar, bucear y subir las montañas.

   b. Debes llevar tu cámara para sacar fotos de las pirámides y de las ruinas aztecas.

   c. La semana pasada fui a una zapatería para comprar recuerdos.

   d. El año pasado no fui a ninguna parte. Este año voy a ir a España para visitar museos y catedrales y otros lugares de interés.

2 Write down three things that you would like to do on vacation. For example: *Quisiera explorar la selva en Ecuador.*

3 ¿Adónde fuiste la semana pasada? ¿El mes pasado? ¿El año pasado?

   Fui a . . .

4 ¿Qué puede hacer un(a) turista en tu ciudad?

5 ¿Qué países donde se habla español te gustaría visitar? ¿Por qué?

Estos jóvenes celebran una fiesta en una plaza del Viejo San Juan.

Viejo San Juan, Puerto Rico

www.pasoapaso.com

MORE PRACTICE

Practice Workbook 7–1, 7–2

Cataratas en el Parque
Nacional de El Yunque
en el noreste
de Puerto Rico

El Castillo de El
Morro, San Juan

los suvenires

tomar fotos

Perspectiva CULTURAL

Estas fotos son de Chile. ¿Qué estaciones se muestran? ¿Cuáles son los meses de esas estaciones en Chile?

July and August are winter months in Chile. The summer months are January and February. Because of Chile's long coastline along the Pacific Ocean, going to the beach then is very popular.

A Chilean young person reports, *"Me gusta ir a Viña del Mar con mi familia. Por la mañana, tomamos el sol y nadamos en el océano o en la piscina. Por la tarde, descansamos y por la noche, jugamos videojuegos, vamos al cine o vemos la tele."*

Young people in Chile do a variety of things during their summer vacation. Some may help their parents in a family business. Others may go to camp in the southern part of the country. Scout camps are especially popular.

In July, Chilean students have a short winter vacation. Some may go to a ski resort in the Andes. More often, however, they visit relatives or friends.

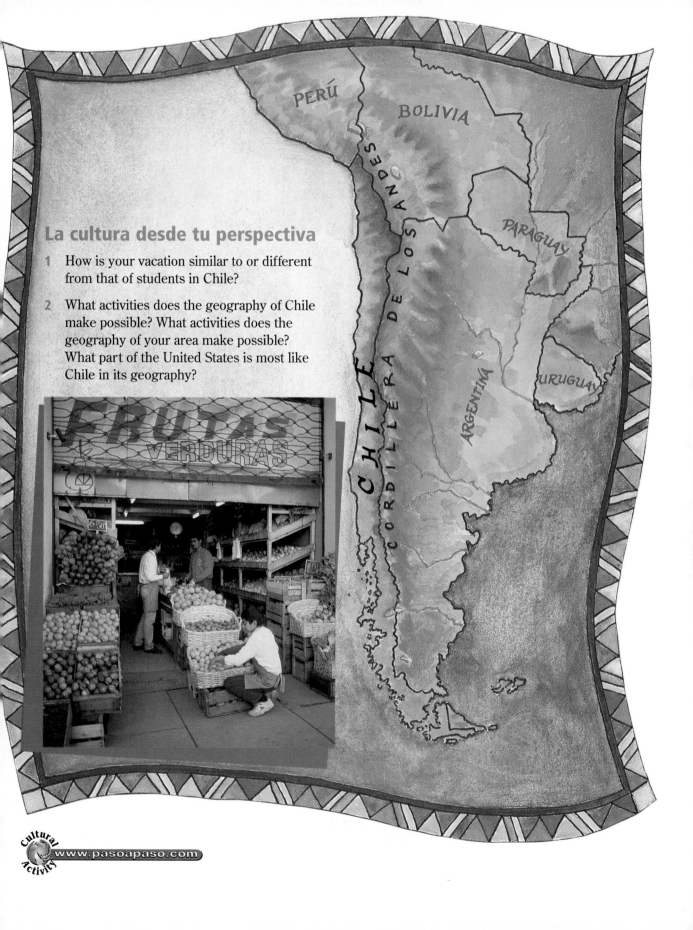

La cultura desde tu perspectiva

1 How is your vacation similar to or different from that of students in Chile?

2 What activities does the geography of Chile make possible? What activities does the geography of your area make possible? What part of the United States is most like Chile in its geography?

PERÚ

BOLIVIA

PARAGUAY

CHILE

CORDILLERA DE LOS ANDES

ARGENTINA

URUGUAY

FRUTAS
VERDURAS

Cultural Activity

www.pasoapaso.com

Vocabulario para conversar

 **VIDEO** Chapter 7 Vocabulary

¿Qué tiempo hace?

- As your teacher reads the name of each weather expression, make a thumbs up sign if it is most associated with summer and a thumbs down sign if it is most associated with winter.
- As your teacher names an article of clothing, point to the picture of the appropriate weather expression and say it aloud to your partner.
- As your teacher names vacation activities, name an article of clothing that you would wear for each one.

Hace frío.

los guantes

el gorro

la nieve

Nieva.

el abrigo

la bufanda

las botas

Hace mal tiempo.

el viento

Hace viento.

Hace fresco.

la maleta

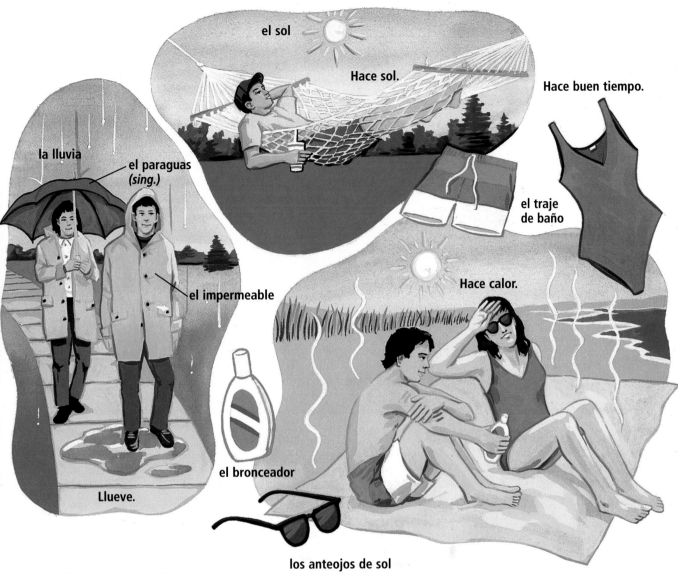

el sol

Hace sol.

Hace buen tiempo.

la lluvia

el paraguas (*sing.*)

el impermeable

el traje de baño

Hace calor.

el bronceador

Llueve.

los anteojos de sol

También necesitas . . .

llevar	here: *to take*
salir: (yo) salgo*	*to leave: I leave*
(tú) sales	*you leave*
regresar	*to come back, to return*
pensar + *inf.*: (yo) pienso	*to plan: I plan*
(tú) piensas	*you plan*
¿Qué tiempo hace?	*What's the weather like?*
¡Vaya!	*My goodness! Gee! Wow!*
Menos mal que ___.	*It's a good thing that ___.*

¿Y qué quiere decir . . . ?
fantástico, -a
el pasaporte

* *Salir* has an irregular *yo* form: *salgo.* Otherwise its present-tense forms are all regular.
What other verb do you know whose *yo* form ends in *-go?*

Empecemos a conversar

1   Miami / julio   A — *¿Qué tiempo hace en <u>Miami</u> en <u>julio</u>?*
                         B — *<u>Hace calor</u>.*

Estudiante A

a. San Francisco / noviembre

b. San Antonio / septiembre

c. Chicago / octubre

d. Washington, D.C. / abril

e. Denver / enero

f.

Estudiante B

Chicago   Denver   Miami

San Antonio   San Francisco   Washington, D.C.

2

A —*¡Vaya! Hoy <u>llueve</u>.*
B —*Menos mal que tienes <u>tu paraguas</u>.*

Estudiante A

Estudiante B

a.

b.

c.   d.

¡No olvides!

Remember that the possessive adjective must be singular if the noun is singular (*tu bufanda*) and plural if the noun is plural (*tus botas*).

3

A —*¿Qué piensas llevar <u>al mar</u>?*
B —*Pienso llevar <u>el traje de baño y los anteojos de sol</u>.*

Estudiante A

Estudiante B

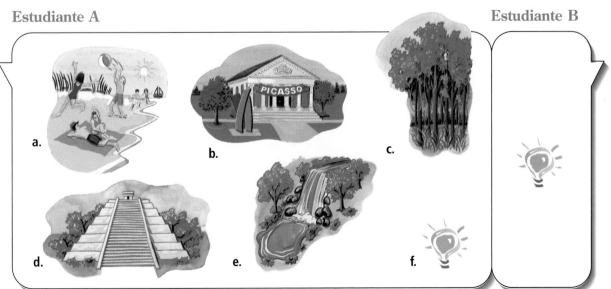

a.

b.

c.

d.

e.

f.

Empecemos a leer y a escribir

Responde en español.

1 Read this notice from a travel agency to a person going on vacation. Then use the activities given to make three lists.

- activities you think the vacationer will do *(Probable)*
- activities you think he or she will probably not do *(No probable)*
- activities you don't know whether he or she will do or not *(No sé)*

bucear   pasear en bote
comprar recuerdos   sacar fotos
esquiar   subir montañas
explorar la selva   subir pirámides
jugar en la nieve   tomar el sol
nadar   visitar museos o catedrales

Compare your lists with those of a partner.

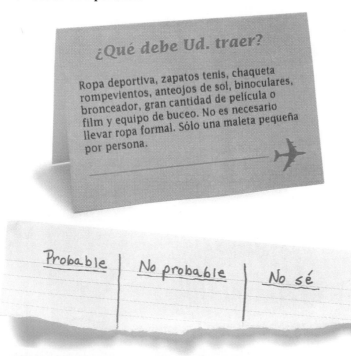

¿Qué debe Ud. traer?

Ropa deportiva, zapatos tenis, chaqueta rompevientos, anteojos de sol, binoculares, bronceador, gran cantidad de película o film y equipo de buceo. No es necesario llevar ropa formal. Sólo una maleta pequeña por persona.

Probable	No probable	No sé

MORE PRACTICE

- Practice Workbook 7–3, 7–4

www.pasoapaso.com

2 Choose three types of weather. For each one, name an activity you like to do. For example,
Cuando llueve, me gusta leer un libro.

3 Describe el tiempo en tu comunidad en las cuatro estaciones.
En el verano hace calor y ...

4 ¿Piensas ir de vacaciones este invierno? ¿Adónde piensas ir? ¿Cuándo piensas salir? ¿Cuándo piensas regresar?

5 Cuando una persona va a esquiar, ¿qué ropa lleva? ¿Y qué lleva cuando va a tomar el sol?

También se dice

la crema para el sol
la loción bronceadora

las gafas de sol
los lentes de sol

la máquina fotográfica

el bañador
la malla
la ropa de baño
la trusa

COMUNIQUEMOS

Here's another opportunity for you and your partner to use the vocabulary you've just learned.

1 With a partner, take turns asking and telling what activities you like to do in different kinds of weather. The list of verbs will help you answer.

A —¿*Qué te gusta hacer cuando llueve?*
B —*Pues, me gusta leer o ver la televisión.*

beber	leer
bucear	nadar
descansar	pasear
esquiar	patinar
estar	practicar
hablar	sacar
ir	ver
jugar	visitar

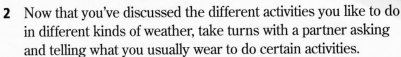

2 Now that you've discussed the different activities you like to do in different kinds of weather, take turns with a partner asking and telling what you usually wear to do certain activities.

A — *¿Qué llevas cuando paseas en bote?*

B — *Generalmente, un traje de baño o pantalones cortos y una camiseta.*
    o: *Nunca paseo en bote.*

3 You and your partner are planning your ideal vacation. Take turns asking and answering:

- where you would like to go
- in what season you would like to go
- with whom you would like to go
- what activities you would like to do

Don't forget:

- to describe the weather at your vacation destination
- to say when you are leaving
- to say when you are planning to come back

¡No olvides!

These are some of the question words and expressions that you know: *¿Adónde . . . ?, ¿Dónde . . . ?, ¿Qué . . . ?, ¿En qué estación . . . ?, ¿Con quién(es) . . . ?*

✔ Ahora lo sabes

Using what you have learned so far, can you:

- **tell what places of interest you might visit on a vacation and what activities you can do there?**

- **ask about and describe the weather at your vacation destination?**

- **tell what you plan to take with you and to do on your vacation?**

Conexiones

These activities connect Spanish with what you are learning in other subject areas.

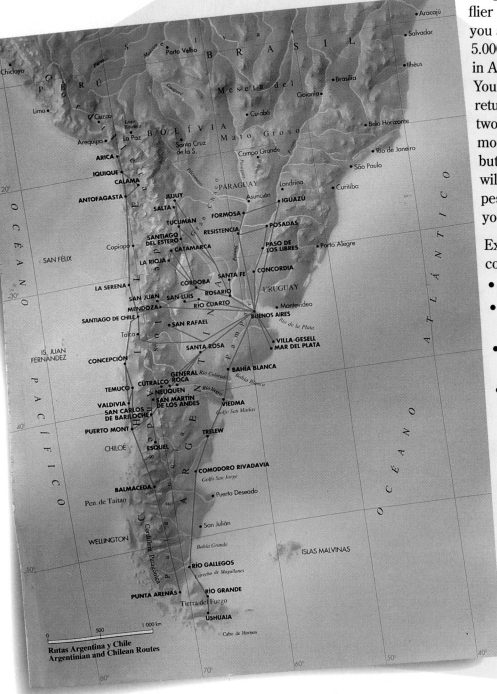

Rutas Argentina y Chile
Argentinian and Chilean Routes

¿Adónde voy a ir?

Congratulations! As a frequent flier on Aerolíneas Argentinas, you are entitled to a free 5.000 kilometer trip anywhere in Argentina and Chile. You must leave from and return to Buenos Aires within two weeks. You may travel more than 5.000 kilometers, but each extra kilometer will cost you one Argentine peso. Use the map to plan your trip.

Explícale a un(a) compañero(a):

- adónde vas
- cuánto va a costar (hoteles, comida, recuerdos, etc.)
- qué actividades vas a hacer
- qué ropa vas a llevar

¿Qué tiempo hace?

Look at this weather forecast for Buenos Aires and weather map of Argentina. How is the forecast similar to and different from the ones in your local newspaper?

Using the chapter vocabulary and new words from the weather forecast, make a list of weather terms that go with the words *despejado* and *nublado*.

Despejado	Nublado
buen tiempo	llueve

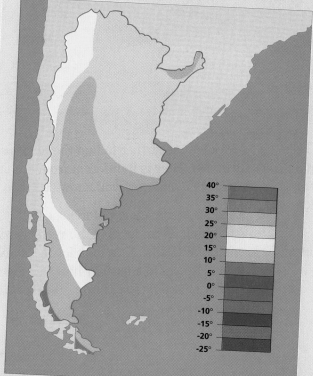

Día	Noche	Sábado	Domingo
Mayormente despejado	Mayormente despejado	Cálido con nubes y sol	Parcialmente nublado

Using the weather terms that you have learned, write a three-day weather forecast for your community. Use the same format as the one for Buenos Aires. That is, write about tomorrow daytime (*Día*), tomorrow evening (*Noche*), the next day (*lunes/martes/...*), and the day after that. Make up your own symbols for weather conditions. For example:

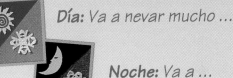

Día: *Va a nevar mucho...*

Noche: *Va a...*

Para pensar

In each group, find the word that doesn't belong.

a. las cataratas, las maletas, las montañas, las selvas tropicales

b. el abrigo, el bronceador, el sol, el traje de baño

c. las botas, las bufandas, los tenis, los zapatos

d. la lluvia, la nieve, el país, el viento

e. el agua, el gorro, el lago, el mar

Gramática en contexto

Look at this brochure from a travel agency. What destination is advertised? Can you find it on a map?

¿Qué quiere hacer Ud. este invierno?

Ud. y su familia pueden hacer todo esto y mucho más en la República Dominicana, ¡donde hace buen tiempo todo el año!

¿Piensa llevar un suéter o un abrigo? Pues, no los necesita. En la República Dominicana, ¡el verano nunca termina!

En la **AGENCIA DE VIAJES PLAYA Y MAR** queremos y pensamos hacer de sus vacaciones... ¡algo fabuloso! Debe visitarnos. Podemos ayudarle.

AGENCIA DE VIAJES PLAYA Y MAR
Avenida Duarte 4113
555-9440

¿Tomar el sol?

¿Practicar deportes?

¿Pasear en bote?

A Look at the headline. What verb is used? Tell a partner the forms of the verb *querer* that you already know. How is this form different? Based on what you know, could you predict what the *Uds./ellos/ellas* form would be?

B Look at the first paragraph. What verb is used to tell what people can do in the Dominican Republic? What other forms of the verb *poder* do you already know? How is this form different? Which form do you think it is?

C Work with a partner to find the *nosotros* form of *querer*. How is it different from the other forms of *querer* that you know? Explain.

D Look at the beginning of the second paragraph. What form of the verb *pensar* do you think this is? Now look for the *nosotros* form. Explain to a partner how this form is similar to and different from the *nosotros* form of *querer*.

El verbo *poder*

Puedo and *puedes* come from the infinitive *poder*, "can, to be able to."
Here are all of its present-tense forms.

(yo)	**pue**do	(nosotros) (nosotras)	p**o**demos
(tú)	**pue**des	(vosotros) (vosotras)	p**o**déis
(Ud.) (él) (ella)	**pue**de	(Uds.) (ellos) (ellas)	**pue**den

- When we drop the *-er* of the infinitive, the part that remains is called
  the stem. Notice that in four forms of *poder*, the *o* of the stem
  changes to *ue*. We call *poder* an *o → ue* stem-changing verb. Copy
  the complete chart onto a separate piece of paper and use a colored
  pencil to highlight the four forms in which the *o* changes to *ue*.

- The endings follow the pattern of regular *-er* verbs.

- When the forms of *poder* are followed by another verb, the second
  verb is always in the infinitive. For example:

  No **puedo ir** a la playa contigo porque no **puedo tomar** mucho sol.

1 Find the answers on the right that go with the questions on the left.

    a. ¿Pueden Uds. visitar unos lugares de interés?   Sí, puedo.
    b. ¿Puede María sacar fotos?   Sí, podemos.
    c. ¿Puedes pasear en bote conmigo?   Sí, puede.

2 Use the chart above to decide which form of the verb *poder* could be used:

    a. to ask a friend what she can do?
    b. to say what you can do?
    c. to say what you and a friend can do?
    d. to say what two friends can do?
    e. to say what your teacher can do?

3 Respond to these invitations giving a reason why you can or
cannot accept.

ir a nadar   A —*¿Puedes ir a nadar conmigo esta tarde?*
  B —*Sí, puedo. Tengo un traje de baño nuevo.*
    o: *Lo siento, pero no puedo. No tengo traje de*
      baño. (Hace frío / Debo ayudar en casa, etc.)

Estudiante A **Estudiante B**

a. **pasear en bote**   d. **ir al centro comercial**

b. **sacar fotos**   e. **ir al gimnasio**

c. **hacer la tarea**
   de matemáticas   f.

4 It's raining today. With a partner, take turns telling what these people
can and cannot do. Use as many different logical activities as you can
think of.

Carlos puede visitar un museo.
o: *Carlos no puede ir a la playa*
porque llueve.

a. **(nombre de dos compañeros)**
b. **(nombre de una compañera)**
c. **yo**
d. **tú**
e. **mis amigos y yo**
f. **mis profesores**
g.

Los verbos *querer* y *pensar*

You know that you use *quiero* and *quieres* to tell what you want to do, and *pienso* and *piensas* to tell what you plan to do. These verb forms come from the infinitives *querer* and *pensar*. Here are all of their present-tense forms.

(yo)	qu**ie**ro	(nosotros) (nosotras)	qu**e**remos
(tú)	qu**ie**res	(vosotros) (vosotras)	qu**e**réis
(Ud.) (él) (ella)	qu**ie**re	(Uds.) (ellos) (ellas)	qu**ie**ren

(yo)	p**ie**nso	(nosotros) (nosotras)	p**e**nsamos
(tú)	p**ie**nsas	(vosotros) (vosotras)	p**e**nsáis
(Ud.) (él) (ella)	p**ie**nsa	(Uds.) (ellos) (ellas)	p**ie**nsan

- Notice that there is a stem change from *e* to *ie* in all except the *nosotros* and *vosotros* forms. *Querer* and *pensar* are called *e → ie* stem-changing verbs. Copy the charts onto a separate piece of paper and use a colored pencil to highlight the four forms in which the *e* changes to *ie*.

- The endings follow the pattern of regular *-er* and *-ar* verbs.

- When the forms of *querer* and *pensar* are followed by another verb, the second verb is always in the infinitive. For example:

    —¿**Piensas bucear** mañana?
    —No, sólo **quiero tomar** el sol.

Recuerdos musicales
de Nicaragua

5 Based on the chart on page 45, decide which form of the verb
querer could be used:

   a. to talk about what somebody wants to do

   b. to talk about what two people want to do

   c. to talk about what you want to do

   d. to talk about what you and a friend want to do

6 Decide which form of the verb *pensar* could be used:

   a. to tell what you plan to do

   b. to ask a friend what he or she plans to do

   c. to tell what you and two friends plan to do

   d. to tell what three classmates plan to do

7 With a partner, take turns asking and answering what these tourists
plan to do tomorrow.

     Mario   **A** —*¿Qué quiere hacer Mario mañana?*

                B —*Piensa bucear.*

Estudiante A   **Estudiante B**

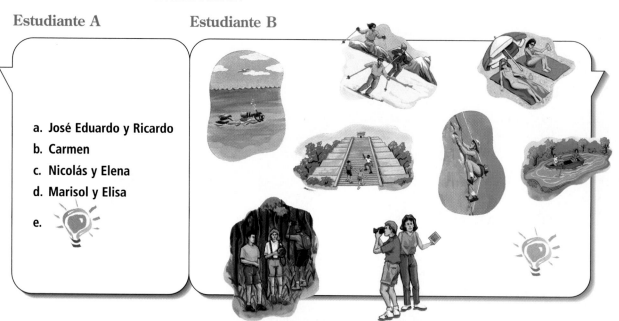

   a. **José Eduardo y Ricardo**

   b. **Carmen**

   c. **Nicolás y Elena**

   d. **Marisol y Elisa**

   e.

Now take turns with your partner asking and answering

   a. what each of you plans to do tomorrow

   b. what you and your friends plan to do tomorrow

   c. what your partner plans to do to help out around the house
      this weekend

   d. what your partner and his or her friends plan to do this weekend

8 Choose three of the topics below and interview your partner about his or her preferences. Then report to the class what you and your partner would like.

¿Qué quieren tú y tu compañero(a)?

a. más tarea o menos tarea
b. leer más libros en la clase de inglés o leer menos libros
c. llevar ropa informal o llevar uniformes en la escuela
d. hablar más en la clase de español o hablar menos
e. más pruebas y exámenes en la clase de español
   o menos pruebas y exámenes
f. más días de vacaciones o menos días de vacaciones

Mi compañero(a) y yo queremos menos tarea.
o: *Mi compañero(a) quiere menos tarea pero yo quiero más.*

MORE PRACTICE

Practice Workbook 7–5, 7–7, 7–8

Una familia en
Xochimilco, México

Perspectiva CULTURAL

During the winter, the province of Mendoza, Argentina, holds a snow festival *(El Festival de la Nieve)* in any of several places. (The exact date depends on the weather.) The festival includes skiing and mountain-climbing contests, snowman-building contests, plays, and art shows. In addition, a snow queen is elected during the festival.

La cultura desde tu perspectiva

1 Since the exact date of the snow festival in Mendoza depends on the weather, during what two months do you think it usually falls? Why do you think so?

2 If you wanted to swim in the ocean and ski in the mountains and you could only visit one country in South America, which country might you choose? What other South American countries can you do this in? What might be an advantage of vacationing in the countries you named instead of in your state?

Mendoza province

Gramática en contexto

This is an ad for an airline. What is the company's name? According to the ad, what can they do for the client? What kinds of services do they offer?

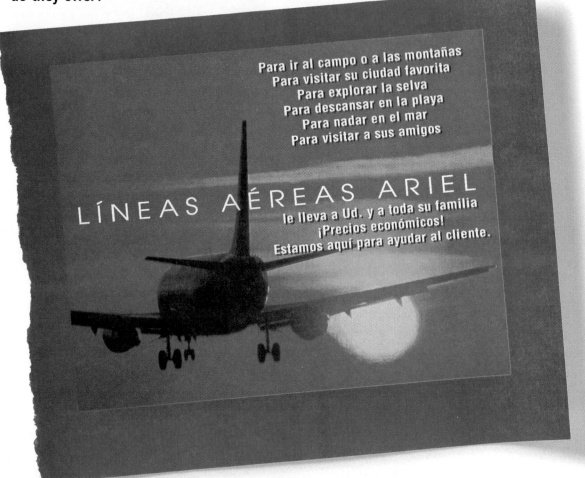

Para ir al campo o a las montañas
Para visitar su ciudad favorita
Para explorar la selva
Para descansar en la playa
Para nadar en el mar
Para visitar a sus amigos

LÍNEAS AÉREAS ARIEL
le lleva a Ud. y a toda su familia
¡Precios económicos!
Estamos aquí para ayudar al cliente.

A Read the ad. How do the first six lines begin? What verb form follows this word? Develop a rule about the form of the verb that follows *para* and explain it to a partner.

B According to line 6 of the ad, whom can a person visit? Is the direct object of *visitar* people or things? What word is used before the direct object? Find two more uses of *a* like this one and point them out to your partner.

C Now look at the ad again. With a partner, find and write down the phrases that follow the verb *visitar*. In which phrase is the direct object of *visitar* a person? In which one is it a place? In which phrase is the Spanish word *a* used? With your partner, make a rule about when to use *a* before a direct object.

Para + infinitivo

You know that *para* means "for" and "in order to." Whenever *para* is followed by a verb, the verb is in the infinitive form. For example:

Vamos a México **para bucear** y **tomar** el sol.

1 Which of these verb forms would follow the word *para?*

a. visitan   f. ir de vacaciones
b. visitar   g. fui
c. pensamos   h. hace frío
d. piensa   i. sacar fotos
e. llevar   j. pasear en bote

Now take turns with your partner making sentences using *para* and the appropriate words in the list.

2 With a partner, take turns telling why these young people are going to a friend's house.

Raúl / Andrea   A —*Raúl va a la casa de Andrea, ¿verdad?*
                 B —*Sí, va a su casa para tocar la guitarra.*

Estudiante A   **Estudiante B**

a. **Manuel / Diego**
b. **Felipe y Jaime / David**
c. **Bárbara y Pablo / Marta**
d. **Juana / Laura**
e.

Now take turns with your partner telling:

a. why each of you is going to a friend's house
b. why you and your friends are going to a friend's house

3 With a partner, take turns telling what someone you know
needs these things for.

abrigo

Mi hermano menor necesita un abrigo para jugar en la nieve.

a. anteojos
b. una calculadora
c. una grabadora

d. una cámara
e. una mochila
f. una maleta

g. un paraguas
h. un diccionario
i.

4 With a partner, take turns giving advice. For example:

tener muchos amigos

*Para tener muchos amigos, necesitas
ser simpático(a).*

a. ser profesor(a)
b. aprender español
c. ser hijo(a) bueno(a)
d. tener buena salud
e. ser atractivo(a)
f. ir a muchas fiestas
g. jugar béisbol bien
h.

El Templo de los Guerreros
en Chichén Itzá

"El Castillo," una de las
pirámides en Chichén Itzá,
Yucatán, México

La *a* personal

You know that the direct object is the person or thing that receives the action of a verb. In Spanish, when the direct object is a person or group of people, we use *a* before it. That's why it's called the personal *a*.

Quiero visitar el museo.

Quiero visitar **a** mis abuelos.

Quiero visitar **al** señor López.

- To ask who receives the action of a verb, we use ¿*A quién?*

 —¿**A quién** quieres visitar?

 —Quiero visitar **a** mis abuelos.

- We can also use the personal *a* when the direct object is an animal, especially a pet.

 Busco **a** mi perro.

- We usually do not use the personal *a* after the verb *tener*.

 Tengo muchos tíos.

5 Can you find the answers in column B to the questions in column A?

A	**B**
a. ¿A quién buscas?	Sí, lo quiero visitar.
b. ¿Quieres visitar a Ana?	No, a María.
c. ¿Quieres visitar el museo?	A mi hermano.

Viña del Mar, Chile, hace todo lo posible para los turistas.

6 Imagine that the members of the Gutiérrez family live in different parts of the country. They all want to visit each other. Ask your partner which family member each person wants to visit. Your partner's answers will be based on the family tree.

Carolina y Antonio

Irene y Jorge

Laura y Gerardo

Julia y Elena

Pilar y Tomás

Elena / Pilar y Tomás
A —*¿A quién quiere visitar Elena?*
B —*Quiere visitar a sus primos.*

a. Julia y Elena / Carolina y Antonio

b. Carolina y Antonio / Jorge

c. Pilar y Tomás / Julia y Elena

d. Tomás / Laura y Gerardo

e. Laura / Carolina y Antonio

f. Jorge / Laura

7 Tell your partner which of the following people and places you are planning or are *not* planning to visit this year. Remember to use the personal *a* when you talk about people.

primos   (nombre de un amigo que
España   no vive en tu comunidad)
unas pirámides   una selva tropical
tíos   Batman
Disneyworld   un parque de diversiones
las montañas   un lago
abuelos   países en Hispanoamérica
un museo   el presidente de los Estados Unidos
el mar

Este año pienso visitar a mis primos Rosa y Pablo.

MORE PRACTICE

Practice Workbook 7–6, 7–9, 7–10

En Navidad, una familia dominicana
a la hora de la cena

Para decir más

Here is some additional vocabulary that you might find useful for activities in this section.

Está nublado.
It's cloudy.

Hay niebla.
It's foggy.

el huracán
hurricane

la tormenta
storm

montar a caballo/en bicicleta
to go horseback riding/biking

dar una caminata
to go hiking

ir de camping
to go camping

visitar a los parientes
to visit relatives

Here's an opportunity for you to put together what you learned in this chapter with what you learned earlier.

1 Boletín importante

Imagine that your area is expecting a lot of snow or rain or wind. On a sheet of paper, draw a TV screen. Then choose one of these emergency weather situations and illustrate it on your screen. Afterwards, present a TV weather advisory to your group.

Va a . . .
Uds. deben llevar . . .

2 ¿Qué piensas hacer?

Find out:

• where your partner plans to go on a specific day

• one or more things he or she plans to do

• with whom he or she is going

• one additional fact about your partner's plans

Prepare a grid or chart based on your partner's answers. Then create a narrative of at least six lines. When you finish, report the results to another classmate.

El sábado Luis piensa . . .

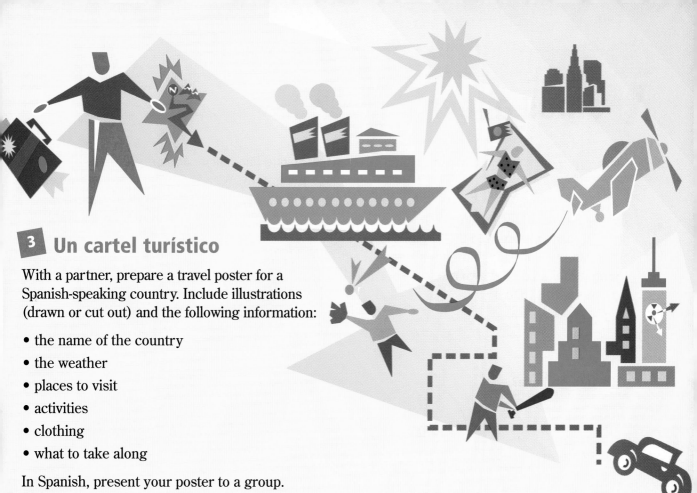

3 Un cartel turístico

With a partner, prepare a travel poster for a Spanish-speaking country. Include illustrations (drawn or cut out) and the following information:

- the name of the country
- the weather
- places to visit
- activities
- clothing
- what to take along

In Spanish, present your poster to a group.

✔ Ahora lo sabes

Using what you have learned so far, can you:

- **tell what someone can do, wants to do, and plans to do?**
- **talk about visiting friends or relatives?**

- **tell the reason for doing something?**

¡Vamos a leer!

www.pasoapaso.com

Antes de leer

STRATEGY ➤ **Using prior knowledge**

1 This is a travel ad for Panamá. With a partner, make a word web that organizes everything you already know about that country. Make up your own questions, or use the ones in this model.

2 Locate Panamá on a map, and think about its geography. What attractions do you think it might offer to travelers? Add the question *¿Qué atracciones tiene?* to your word web, and write down your best ideas.

Mira la lectura

STRATEGY ➤ **Skimming**

Read the ad quickly just to get the gist of it.

¿Qué tiempo hace?

¿Cómo es?

Panamá

¿Dónde está?

Infórmate

STRATEGY ➤ **Using context to get meaning**

1 Remember that the context, the words around a new word, can help you figure it out. You can do this by trying out several meanings to see if they make sense in the text you are reading. To help you figure out *genio*, *maravilla*, and *ríos*, try out the meanings suggested by each of these choices.

a. ¡El inventor de ese aparato es un **genio!** Es muy inteligente/tímido.

b. ¡Qué **maravilla!** Esa montaña es algo normal/extraordinario.

c. Muchos **ríos** terminan en el mar o en el océano/en los museos.

2 Work with a partner to come up with a word or phrase that is the main idea of each paragraph. How do these compare with the information in your word web?

Aplicación

1 Make drawings or cut out magazine photos to illustrate any three paragraphs of the reading.

2 Think about another travel destination in a Spanish-speaking area. Write a short ad for that place similar to this ad for Panamá.

Mi nombre es Panamá.

Soy muchas playas de blanca arena—playas del mar Caribe y del Pacífico abundante.

Soy las civilizaciones kuna, guaymí y chocoe. Parte de mí es la España de Balboa, la Inglaterra de Sir Francis Drake y la obra del genio francés, Fernando de Lesseps. Soy el Canal de Panamá, una maravilla de ingeniería.

Soy la selva del jaguar americano. En mis montañas hay ríos de agua pura y transparente.

Tengo más de 140 bancos de todo el mundo, y en mis tiendas y bazares las compras nunca terminan.

Soy vibrantes noches de emoción; soy cafés, restaurantes y discotecas.

De mi ciudad capital, Panamá, puedes estar en mis playas en unos minutos, y en mi selva o en mis montañas en poco más de una hora.

Mi nombre es Panamá.
Estoy aquí. Ven a mí.

¡Vamos a escribir!

Imagine that the Panamanian Tourist Institute is sponsoring a contest. The grand prize is a two-week vacation in Panamá for the student who writes the best short essay entitled *Por qué quisiera visitar Panamá*. Write an entry in Spanish for this contest. Follow these steps.

1 First, think about what you want to say. Use the post card and the information from *¡Vamos a leer!* to help you brainstorm some ideas. Then you might want to list your ideas under the headings *El tiempo*, *Lugares de interés*, and *Actividades*.

2 Write a first draft of your essay, and show it to a partner. Ask your partner what he or she likes about it and what should be changed. Think about any changes that you want to make, then revise your essay.

3 Copy edit your essay using the following checklist:

- spelling
- capital letters
- punctuation
- correct use of *poder*, *querer*, and *pensar*
- correct use of *para* and personal *a*

4 Make a clean copy of your essay. You can file your work in your portfolio, or you can share it with your classmates. The class may want to vote on the most interesting, the most complete, or the one that most makes them want to visit Panamá.

CASCO VIEJO, CIUDAD DE PANAMÁ

La parte más vieja de la Ciudad de Panamá

Resumen del vocabulario

Use the vocabulary from this chapter to help you:

- discuss vacation choices and activities
- talk about the weather
- discuss what to take on a trip

el abrigo rox my sox

to talk about vacations
las vacaciones
ir de vacaciones

to talk about places to visit on vacation
las cataratas
la catedral
la ciudad
el lago
el lugar de interés
el mar
la montaña
el museo
el país
la pirámide
las ruinas
la selva tropical

to talk about things to do on vacation
bucear
descansar
esquiar
explorar
  (la selva)
llevar
pasear (en bote)
el bote
sacar fotos
la foto
el recuerdo
subir (la pirámide)

tomar el sol
visitar

to plan a vacation
pensar (*e → ie*) + *inf.*
regresar
salir: (yo) salgo
    (tú) sales

to name items to take on vacation
el abrigo
los anteojos de sol
las botas
el bronceador
la bufanda
la cámara
el gorro
los guantes
el impermeable
la maleta
el paraguas
el pasaporte
el traje de baño

to ask about or describe weather
¿Qué tiempo hace?
fantástico, -a
Hace buen tiempo.
Hace calor.
Hace fresco.
Hace frío.
Hace mal tiempo.

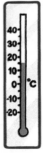

Hace sol.
Hace viento.
la lluvia
la nieve
el sol
el viento
Llueve.
Nieva.

to say that you want or would like something
querer (*e → ie*)
quisiera

to say where someone went
ir: (yo) fui
    (tú) fuiste
ninguna parte

to say when events occur
cuando
pasado, -a

to indicate use or purpose
para + *inf.*

to express amazement
¡Vaya!

to express satisfaction
menos mal que

to express ability or permission
poder (*o → ue*)

Capítulo 8

¿Qué haces en tu casa?

OBJECTIVES
At the end of this chapter you will be able to:

• **tell where you live**

• **describe your home**

• **name household chores**

• **discuss** *patios* **in Spain and** *casitas* **in New York City**

Calle Caminito, La Boca, Buenos Aires

¡**P**iénsalo bien!

Look at the photographs. In what ways are these homes similar to and different from those that you are accustomed to?

Barcelona

"¿Quién no quisiera vivir en un apartamento diseñado por Antonio Gaudí, el arquitecto español más famoso de nuestro siglo? Nuestro apartamento está en el quinto piso."

Casas del distrito colonial de Maracaibo, Venezuela

Una casa en Ponce, Puerto Rico

"Mi familia vive en esta casa rosada. ¿Te gusta?"

www.pasoapaso.com
Cultural Exploration
Visit these countries on-line

¡Piénsalo bien!   65

Vocabulario para conversar

¿Cómo es tu casa?

- As your teacher reads the name of each room in the house, point to the picture.
- As your teacher names a household chore or activity, tell your partner the room in which it is most likely to take place.
- As your teacher reads the name of a household chore or activity, say *sí* if it's your chore at home. Say *no* if it's someone else's responsibility. Raise your hand if it's a shared responsibility.

una casa de dos pisos

el segundo piso

el dormitorio

el baño

el primer piso

la sala

la cocina

el garaje

el comedor

el coche

el lavadero

la sala de estar

el sótano

el apartamento

hacer la cama

sacudir los muebles

lavar los platos

poner la mesa

pasar la aspiradora

limpiar el baño

arreglar el cuarto

quitar la mesa

781

lavar la ropa

cortar el césped

sacar la basura

También necesitas . . .

cerca (de)	*near*	tener que + *inf.*	*to have to* + inf.
lejos (de)	*far (from)*	el cuarto	*room*
vivir: (yo) vivo	*to live: I live*	el quehacer (de la casa)	*(household) chore*
(tú) vives	*you live*	más	here: *else*
hacer: (yo) hago	*to do, to make:*	bastante	*rather, quite*
(tú) haces	*I do, make*	nuestro, -a	*our*
	you do, make		

Empecemos a conversar

With a partner, take turns being *Estudiante A* and *Estudiante B*. Use
the words that are cued or given in the boxes to replace the underlined
words in the example. 💡 means you can make your own choices.
When it is your turn to be *Estudiante B*, try to answer truthfully.

1 el baño   A —*¿Dónde está el baño?*
                   B —*Está en el segundo piso.*

Estudiante A

a. el lavadero   e. la cocina

b. la sala de estar   f. el coche

c. el dormitorio   g. el comedor

d. la sala

Estudiante B

el sótano

el garaje

el primer piso

el segundo piso

2

A — *¿Vives cerca de <u>un parque</u>?*
B — *<u>Sí, bastante cerca</u>.*
  o: *No, vivo lejos.*

Estudiante A   Estudiante B

a.   b.   c.   d.   e.   f.

3

A — *¿Tienes que <u>hacer la cama</u>?*
B — *<u>Sí, todos los días</u>.*
  o: *Sí, a veces.*
  o: *No, nunca.*

Estudiante A   Estudiante B

a.   b.   c.   d.   e.   f.   g.   h.   i.   j.

Empecemos a leer y a escribir

Responde en español.

1 Match these quotations with the correct characters.

    a. Donde vivo hay mucha nieve. Soy viejo y generoso. Me gusta la ropa roja y blanca.

    b. Soy grande y fuerte. Siempre llevo botas. Trabajo en la selva.

    c. Tengo mucha ropa. También tengo varias casas en la ciudad y en el campo. Tengo un coche deportivo.

    d. Tengo muchos hijos y vivimos en una casa bastante extraordinaria. La compré en una zapatería.

Barbie

La viejita que vivía en un zapato

San Nicolás

Paul Bunyan

2 ¿Cuántos pisos y cuartos hay en tu casa o apartamento?

Nuestra casa/nuestro apartamento tiene . . .

3 ¿Qué quehaceres tienes que hacer antes de una fiesta? ¿Qué quehaceres vas a hacer este fin de semana? ¿Qué más vas a hacer?

MORE PRACTICE

- Practice Workbook 8–1, 8–2

www.pasoapaso.com

Una casa en Valparaíso, Chile

Una casa típica en Ushuaia,
Tierra del Fuego, Argentina

También se dice

el living

la alcoba
el cuarto
la habitación (de dormir)
la pieza
la recámara

el auto(móvil)
el carro
la máquina

la grama
la hierba
el pasto
el zacate

Perspectiva CULTURAL

¿Qué parte de la casa ves en estas fotos?
¿Qué crees que hacen los miembros de
la familia allí?

In the south of Spain, in towns such as Sevilla and Córdoba, *patios* are gardens with flowers, chairs, fountains, and perhaps caged birds. They may be in the front of the house and draw visitors in. More often, they are in the middle of the house, with large doors leading into the rooms. *Patios* are places where friends and family gather to talk and where children often play on nice days.

Even apartment buildings in Spain may have *patios*. In small towns you might see neighbors talking to each other through the windows that open onto a central interior *patio*. In many modern apartment buildings in large cities like Madrid, the central interior space is no longer a *patio* but an air shaft. One or more windows open onto it. However, traditional *patios* are rooms that are open to the sky where friends and neighbors can spend time together.

Una familia en su patio, Santiago, Chile

Cultural Activity www.pasoapaso.com

Patio de un apartamento en Córdoba, España

Geranios en los balcones de Guadalupe, España

La cultura desde tu perspectiva

1 When you hear the English word *patio*, what do you think of? What outdoor spaces do houses and apartment buildings in the United States have? How are they similar to and different from a *patio* in Spain?

2 What advantages are there to having an open space in the middle of a house? If you were building a house, would you include a Spanish-style *patio* in your plans? Why or why not?

Vocabulario para conversar

At Home *VIDEO* Chapter 8 Vocabulary

¿Cómo es tu dormitorio?

- As your teacher names each piece of furniture, point to the appropriate picture.
- As your teacher reads the name of each item of furniture, tell your partner a room in which it can be found.
- As your teacher names a room, tell your partner a chore or activity that can be done there.

los muebles

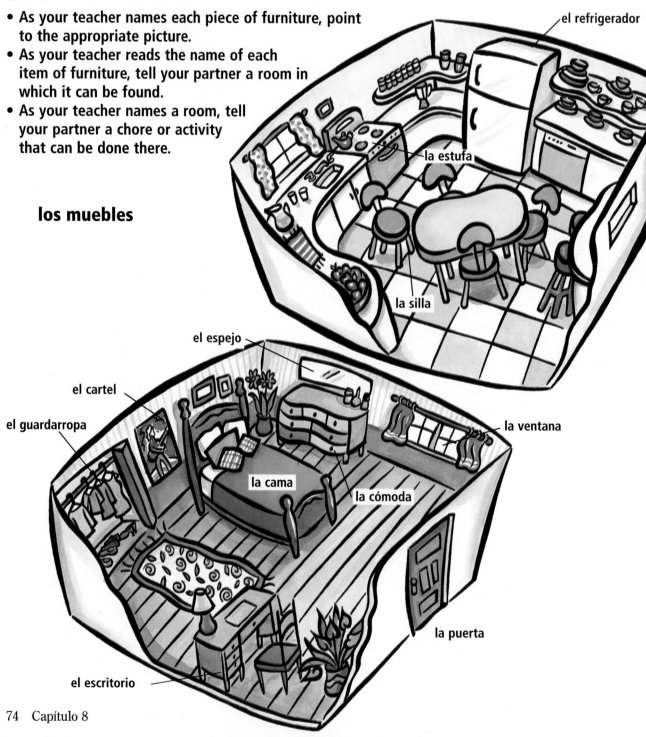

el refrigerador

la estufa

la silla

el espejo

el cartel

el guardarropa

la ventana

la cama

la cómoda

la puerta

el escritorio

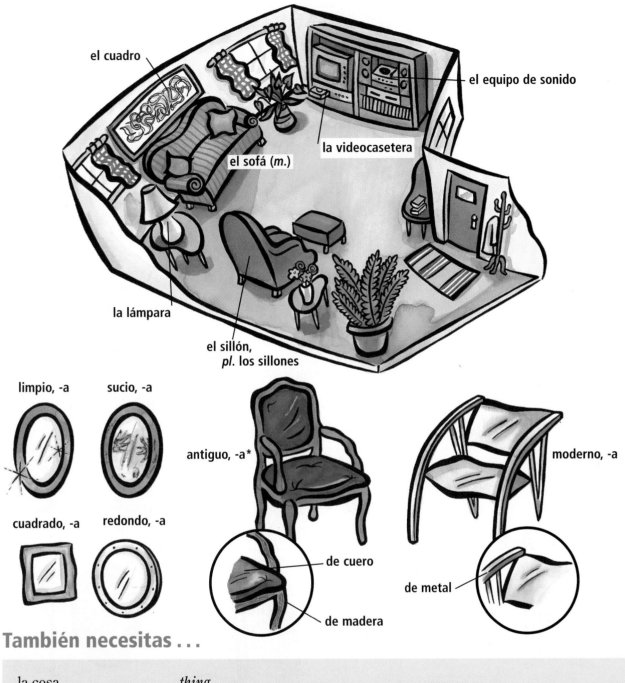

el cuadro

el equipo de sonido

la videocasetera

el sofá (*m.*)

la lámpara

el sillón,
pl. los sillones

limpio, -a

sucio, -a

antiguo, -a*

moderno, -a

cuadrado, -a

redondo, -a

de cuero

de metal

de madera

También necesitas . . .

la cosa	*thing*
cómodo, -a	*comfortable*
poner: (yo) pongo	*to put, to place, to set: I put*
(tú) pones	*you put*
(no) tener razón	*to be right (wrong)*
(no) estar de acuerdo	*to (dis)agree*

¿Y qué quiere decir . . . ?
incómodo, -a

*In general, we use the adjective *antiguo, -a* for things, whereas we can use *viejo, -a* for either people or things.
Antiguo, -a can imply value, as in *muebles antiguos.*

Empecemos a conversar

1 la cocina   A — *¿Qué vas a poner en <u>la cocina</u>?*

B — *Voy a poner <u>una estufa</u>.*

Estudiante A   **Estudiante B**

a. la sala de estar

b. el dormitorio

c. el comedor

d. la sala

e.

¡No olvides!

Remember that the adjective agrees with the noun in gender and number: *el refrigerador sucio, la mesa sucia.*

2   A — *<u>El refrigerador</u> está sucio.*

B — *¿Sucio? ¡No! ¡Está limpio!*

o: *Tienes razón. Lo tengo que limpiar.*

Estudiante A   **Estudiante B**

3

A — ¿Prefieres *una cómoda moderna o antigua*?
B — *Prefiero una cómoda moderna*.

Estudiante A   **Estudiante B**

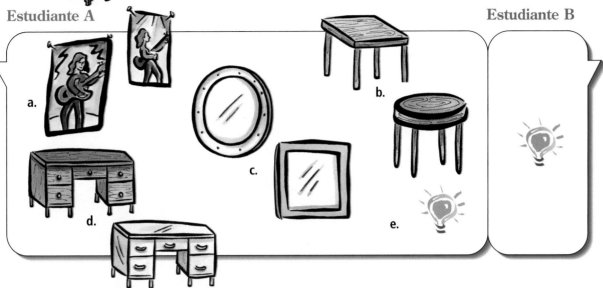

a.

b.

c.

d.

e.

4 **el comedor**   A — ¿*Qué hay en el comedor de tu casa o apartamento*?
B — *A ver . . . hay una mesa grande y cuatro sillas*.
o: *No tenemos comedor*.

Estudiante A   **Estudiante B**

a. la cocina
b. la sala de estar
c. la sala
d. el dormitorio
e. el garaje

Cocina de una casa,
Cálig, España

Empecemos a leer y a escribir

Responde en español.

1 Which floor plan best matches the house described here?

Nuestra casa tiene dos pisos, pero no tiene sótano. En el primer piso hay una cocina, un baño pequeño, una sala grande, un comedor y una sala de estar. En el segundo piso hay otro baño y tres dormitorios: dos bastante grandes y uno muy pequeño. También tenemos en el primer piso un lavadero moderno y muy práctico. Hay un garaje para dos coches. Los muebles que más me gustan son un sofá antiguo pero cómodo, y ¡el televisor!

www.pasoapaso.com

MORE PRACTICE

- Practice Workbook 8–3, 8–4

2 ¿Cómo es tu dormitorio? ¿Hay muchas ventanas? ¿Carteles? ¿Qué más hay?

3 Describe los muebles de un cuarto en tu casa. ¿De qué color son? ¿Son cómodos o incómodos?

En nuestra sala de estar hay dos sofás . . .

4 Todos los miembros de la familia deben ayudar con los quehaceres de la casa. ¿Estás de acuerdo? ¿Por qué sí o por qué no?

Hermanos chilenos
lavando los platos

Cortando el césped,
Ciudad de México

También se dice

**el buró
el gavetero**

**el afiche
el póster**

**el frigorífico
la heladera
la nevera
la refrigeradora**

la cocina

**el armario
el clóset
el placard
el ropero**

COMUNIQUEMOS

Here's another opportunity for you and your partner to use the vocabulary you've just learned.

1   Your family has just moved into a new house. With a partner, talk about where the movers have left the furniture and appliances, and where you are putting them instead.

    A — *¿Dónde está el sillón?*
    B — *Creo que está en el garaje.*
    A — *Sí, aquí está. Lo pongo en la sala de estar.*
    B — *Estoy de acuerdo.*
        o: *No estoy de acuerdo. Lo debes poner en uno
            de los dormitorios.*

Now compare your furniture arrangements with those of another pair.

¡No olvides!

Remember that the direct object pronouns *lo, la, los,* and *las* come right before the verb: *¿Los sillones?* **Los** *pongo en la sala.*

2 Try to make plans for this weekend with your partner. But don't forget that you have chores to do first.

- invite your partner to go somewhere with you
- your partner mentions a chore he or she has to do
- suggest another time of day
- your partner politely accepts or declines the invitation

✔ Ahora lo sabes

Using what you have learned so far, can you:

- **tell someone where you live?**

- **name some household chores?**

- **name the rooms in your house and describe some furnishings?**

- **describe a Spanish *patio* and tell how it is used?**

Conexiones

These activities connect Spanish with what you are learning in other subject areas.

 Mucho dinero

Read this list of chores.

Quehaceres de lunes a viernes

ayudar a preparar la comida	1.00
poner la mesa	.50
quitar la mesa	.50
lavar los platos	1.00
hacer la cama	.50
arreglar mi dormitorio	.75

Quehaceres de cada semana

pasar la aspiradora	1.50
sacar la basura	.50
lavar la ropa	1.00
limpiar el baño	1.00
sacudir los muebles	.50
cortar el césped	1.50

Quehaceres de cada mes

lavar el coche	1.00
limpiar el garaje	1.50

Imagine that you want to save $150 for a new bicycle. Your family will pay you the amounts listed for doing the chores. Which ones will you choose to do? (Remember that your free time is limited.) How long will it take you to save for the bicycle? In a group, discuss your answers in Spanish. You may want to use these phrases, among others:

- Prefiero ...
- Puedo ...
- Es difícil ...
- Es fácil ...

- ... muy trabajador(a)
- ... muy perezoso(a)
- Voy a poder comprar la bicicleta en (18 semanas).

Vamos a Puerto Rico

Here are two ads for apartments from a San Juan, Puerto Rico, newspaper. Each ad gives the size of the apartment in square meters *(metros cuadrados)* and the monthly rent.

- What is the cost of each apartment per square meter per month?
- In a year, how much more will a family spend if they rent in Sierra Bayamon than if they rent in Villa Carolina?

SIERRA BAYAMON, Dúplex
4h-2b.; sala, coc, com, rejas, balcón, marq.; 400 m. cuad.; agua, luz incl. $535.
inf. 555-6324

VILLA CAROLINA 1 dorm.,
sala, coc.; piscina; 240 m. cuad.; incluye luz, agua, parqueo. $400.
inf. 555-4797

Choose an ad and read it aloud to your partner, using complete words for the abbreviations. Then listen to your partner read the other ad.

This is what the abbreviations mean:

- *H* stands for *habitaciones (dormitorios)*, and *b* stands for *baños.*
- *Rejas* are iron grilles that often cover windows and that can be made into a gate.
- *Marq.* means *marquesina,* which is similar to a carport but has grille gates that can be closed.
- *Incl.* stands for *incluída* (included). What do you think *incluye* means?
- What do you think *inf.* stands for?
- What do you think *parqueo* means?

If money didn't matter, which apartment would you recommend to a family with two small children? Why?

Para pensar

Write the missing terms of these analogies on a separate sheet of paper.

a. silla: comedor; coche: ___

b. lejos: ___ ; limpio: sucio

c. comer: comedor; ___ : cocina

d. ___ : moderno; viejo: joven

Gramática en contexto

Who will do the household chores in the house of the future? Look at the cartoon and read the speech balloons.

COSAS DEL AÑO 2500

¡Siempre tengo que arreglar el cuarto . . . hacer la cama . . . poner la mesa! Estoy cansado.

Ana, ¿por qué no pones la mesa? Yo la quito después de comer.

Yo no hago nunca más los quehaceres de la casa. Nuestro nuevo robot hace todo: Pone y quita la mesa, arregla los cuartos . . .

A Look at the second frame. What does the boy want his sister to do? Find the verb that he uses in his question. In the third frame she also uses the verb *poner*. How is the form that she uses different? Based on what you know about verbs, explain the difference to your partner.

B In the last frame, how does the girl say that she is not doing chores any longer? Read that sentence to your partner. What verb form does she use? Together, find the infinitive of that verb in the first frame. Then read about the robot in the last frame. Discuss what form of *hacer* you think is being used and why.

C You have seen the *yo, tú,* and *Ud./él/ella* forms of *poner* and *hacer*. Say them to your partner. Can you predict what the *nosotros(as)* and *Uds./ellos/ellas* forms would be?

Los verbos *poner* y *hacer*

The forms of *poner* ("to put, to place, to set") and *hacer* ("to make, to do") follow the pattern of other -*er* verbs in all except the *yo* forms, *pongo* and *hago*.

Here are all of the present-tense forms of *poner* and *hacer*.

(yo)	pon**go**	(nosotros) (nosotras)	pon**emos**
(tú)	pon**es**	(vosotros) (vosotras)	pon**éis**
(Ud.) (él) (ella)	pon**e**	(Uds.) (ellos) (ellas)	pon**en**

(yo)	ha**go**	(nosotros) (nosotras)	hac**emos**
(tú)	hac**es**	(vosotros) (vosotras)	hac**éis**
(Ud.) (él) (ella)	hac**e**	(Uds.) (ellos) (ellas)	hac**en**

1 Using the chart above, decide which form of the verb *poner* you would use:

a. to ask a friend where he or she is putting something
b. to say that your friends are putting something in the kitchen
c. to say that you are putting something in the living room
d. to say that you and a friend are putting something in the dining room
e. to ask your teacher where he or she is putting the poster

2 Using the chart, decide which form of the verb *hacer* you would use:

a. to ask a friend what he or she is doing
b. to say what your friends are doing
c. to say that you are doing something
d. to say that you and a friend are doing something
e. to ask your teacher what he or she is doing

En Navidad, todos los miembros de esta familia
en California tienen quehaceres para preparar la cena.

3 Everyone is helping on moving day. With a partner, take turns telling in which room these people are putting things.

Carlos/

Carlos pone la mesa en el comedor.

a. Elena

b. Enrique y Pablo

c. yo

d. tú

e. Roberto y tú

f. Isabel y yo

4 Where do these students do their homework?

A — *¿Dónde hace Pablo la tarea?*
B — *La hace en . . .*

a. (nombre de un amigo)
b. (nombre de una compañera)
c. (nombre de dos amigos)
d. tú

5 In your house, who does the most work? Tell how many chores each family member does and what they are. You may use a fictional family if you prefer.

> *Mi hermano hace dos quehaceres. Pone la mesa y saca la basura.*

a. mi hermano(a) / mis hermanos(as)
b. mi padre
c. mi madre
d. yo

How many chores does your family do altogether? Total the number of chores you and your siblings do and how many your parents do.

- mi(s) hermano(s) y yo
- mis padres

MORE PRACTICE

Practice Workbook 8–5

Perspectiva CULTURAL

If you were driving through a Spanish-speaking neighborhood in New York City, you might see a small wooden house in a vacant lot surrounded by tall apartment buildings. These houses are called *casitas*. They are built by families or groups of neighbors who originally came from Puerto Rico. They use their *casitas* during the summer months as places to gather, eat together, and play island music. They are similar to the wooden houses in the Puerto Rican countryside. Often the *casitas* in New York are surrounded by gardens with flowers and vegetables. A resident rooster might even greet you.

La cultura desde tu perspectiva

1 Why do you think people build *casitas* in New York City? Why do you think they are used only in the summer?

2 If you moved to a tropical country, what might give you the same sense of well-being that a *casita* provides?

Gramática en contexto

Look at this animal card that Rebeca has just added to her collection.

La iguana

Alimentación: vegetales, insectos y escorpiones
Hábitat: prefiere vivir en la selva tropical
Vive en: México, América Central y del Sur, Haití, las islas Galápagos del Océano Pacífico.
Las iguanas pueden ser muy buenas mascotas. Sólo necesitan comida y temperatura apropiada.

A Look for two forms of the verb *vivir* on the card. Which form is used to tell where the iguana lives? The *nosotros/nosotras* form of *vivir* is different from other verbs you know. However, the other forms are predictable. You know the *yo* and *tú* forms. What do you think the *Uds./ellos/ellas* form might be?

B You already know two forms of *preferir: prefiero* and *prefieres.* Look for another form of *preferir* on the card. What is the subject? The *nosotros/nosotras* form of *preferir* is also different from other verbs you know. The *Uds./ellos/ellas* form is predictable. What do you think it might be?

Verbos que terminan en *-ir*

You already know the pattern of endings of present-tense *-ar* and *-er* verbs. There is one other group of regular verbs, those that end in *-ir*. *Vivir* ("to live") is a regular *-ir* verb. Here are all of its present-tense forms.

(yo)	viv**o**	(nosotros) (nosotras)	viv**imos**
(tú)	viv**es**	(vosotros) (vosotras)	viv**ís**
(Ud.) (él) (ella)	viv**e**	(Uds.) (ellos) (ellas)	viv**en**

- Notice that the pattern of endings for *-ir* verbs is identical to that of *-er* verbs, except for the *nosotros* and *vosotros* forms.
- *Salir* is a regular *-ir* verb in the present tense except for its *yo* form: *(yo) salgo.*

1 Using the chart above, decide which form of the verb *vivir* you would use:

   a. to talk about where one person lives
   b. to talk about where more than one person lives
   c. to talk about where you live
   d. to talk about where you and your family live
   e. to ask a friend where he or she lives

2 Which verb on the right would you use to answer each question on the left?

   a. ¿Dónde viven Emilio y Luz?   vivo
   b. ¿Dónde viven Uds.?   vive
   c. ¿Quién vive aquí?   vivimos
   d. ¿Dónde vives?   viven

   e. ¿Con quién sales?   sale
   f. ¿Con quién sale Marcos?   salgo
   g. ¿Con quiénes salen Tomás y tú?   salimos

3 Look at the drawing of this town. Find out from your partner if
these people live near or far from certain places.

David y Agustín   A — *¿Dónde viven David y Agustín?*
                      B — *Viven cerca del centro comercial.*
                             o: *Viven lejos de la escuela.*

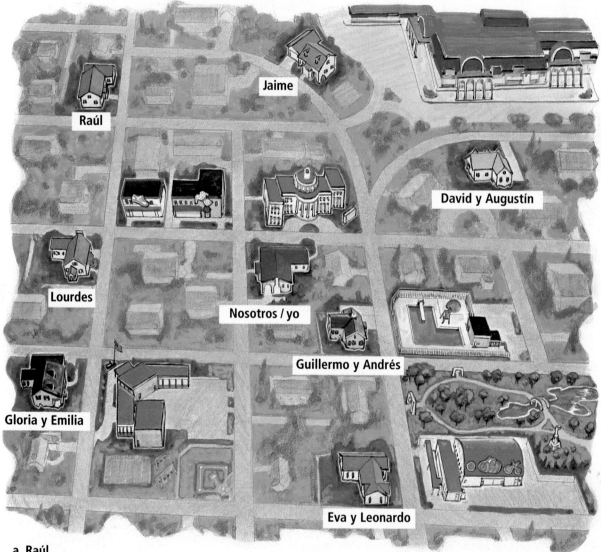

a. Raúl
b. Eva y Leonardo
c. Guillermo y Andrés
d. Lourdes
e. 💡

Now imagine that you and your partner live in this town too. Ask
and answer questions about where you and your families live. See
if your partner can find your house from your description.

El verbo *preferir*

Preferir ("to prefer") is an *e → ie* stem-changing verb, similar to *querer* and *pensar*. Here are all of its present-tense forms.

(yo)	pref**ie**ro	(nosotros) (nosotras)	pref**e**rimos
(tú)	pref**ie**res	(vosotros) (vosotras)	pref**e**rís
(Ud.) (él) (ella)	pref**ie**re	(Uds.) (ellos) (ellas)	pref**ie**ren

- Notice that the endings of *preferir* follow the pattern of regular *-ir* verbs, like *vivir*.
- When forms of *preferir* are followed by another verb, the second verb is always in the infinitive. For example:

    Prefiero ir de vacaciones en agosto.

4 Which verb on the right could you use with each subject on the left?

   a. tú   preferimos
   b. Juan   piensan
   c. Marisol y yo   quiero
   d. Alicia y tú   prefieres
   e. yo   quiere

Tierra del Fuego, Argentina

5 With a partner, take turns asking and answering questions about which pastimes different people prefer and why.

A — *¿Qué prefiere hacer José Luis?*
B — *Prefiere leer. Es muy inteligente.*

a. (nombre de un amigo)
b. (nombre de dos compañeras)
c. (nombre de un profesor/una profesora)
d. tú
e. tú y tu familia

6 With a partner, take turns asking and answering questions about the activities different people prefer. Choose five different friends or family members.

A — *¿Qué prefieren tú y tu hermana mayor, cocinar o lavar los platos?*
B — *Preferimos cocinar.*

Los adjetivos posesivos: *Su* y *nuestro*

You already know that when we want to tell what belongs to someone and to show relationships, we can use *mi(s)*, *tu(s)*, and *su(s)*. Here are all of the possessive adjectives.

mi tío	**mis** tíos	**nuestro** tío	**nuestros** tíos
mi tía	**mis** tías	**nuestra** tía	**nuestras** tías
tu tío	**tus** tíos	**vuestro*** tío	**vuestros** tíos
tu tía	**tus** tías	**vuestra** tía	**vuestras** tías
su tío	**sus** tíos	**su** tío	**sus** tíos
su tía	**sus** tías	**su** tía	**sus** tías

- Like other adjectives, the possessive adjectives agree in number with the nouns that follow them. Only *nuestro* and *vuestro* have different masculine and feminine endings.

    Nuestra casa es grande, pero **nuestro patio** es bastante pequeño.

7 Which phrase on the right would you use to refer to each sentence on the left?

a. El amigo de Juan es muy simpático.   nuestros amigos

b. El amigo de Juan y Roberto es muy simpático.   nuestro amigo

c. Las amigas de Alicia y Sara son muy simpáticas.   nuestra amiga

d. Mi amigo Samuel es también un amigo de Paco.   su amigo

e. Tu amiga Teresa es mi amiga también.   sus amigas

*Vuestro, -a, -os, -as is used mainly in Spain. We will use it occasionally and you should learn to recognize it.

Una calle de Guanajuato, México

8 Using the words in the list, write a description of either your house or an imaginary house.

cuadros
Nuestros cuadros (no) son bonitos.

sala de estar
Nuestra sala de estar (no) es cómoda.

a. sillones
b. equipo de sonido
c. mesa
d. casa
e. sillas
f. dormitorios
g. sofá
h. garaje
i. 🔆

antiguo
bonito
cómodo
moderno
de metal
azul
de madera
grande
de cuero
pequeño
🔆

En Barcelona

9 Exchange descriptions from Exercise 8 with your partner. Use this information to describe his or her house to another student.

La sala de estar de José es cómoda. Sus cuadros son muy bonitos.

En Caracas, Venezuela

10 Take turns telling your partner about these people's homes.

 / **casas están lejos (cerca) del cine**

Nuestras casas están lejos del cine.

MORE PRACTICE

Practice Workbook 8–6, 8–9

a. casa (no) tiene piscina

b. casa (no) tiene tres dormitorios

c. casa (no) tiene comedor

d. casa está lejos (cerca) de la escuela

e. casa (no) tiene dos pisos

f. casa (no) tiene una cocina moderna

g. casa está lejos (cerca) del centro comercial

h. casas (no) son muy cómodas

i. casas (no) tienen sótano

j. casas (no) tienen sala de estar

k. casa (no) tiene siete cuartos

TODO JUNTO

Para decir más

Here is some additional vocabulary that you might find useful for activities in this section.

la alfombra
rug

las cortinas
curtains

el aire acondicionado
air conditioning

la escalera
stairway

el pasillo
hallway

el jardín
garden, yard

el patio
patio, yard

cuidar niños
to baby-sit

dar de comer (al perro)
to feed (the dog)

Here's an opportunity for you to put together what you learned in this chapter with what you learned earlier.

1 Nuestra casa

Bring to class a picture of a house you have chosen from a magazine. Tell your group about the house. Include:

- a description of the rooms
- a description of the furnishings
- some activities you do in each room
- some chores you do around the house

2 ¿Dónde vives?

With a group, prepare a large map of your community. Label important landmarks (your school, a nearby park, the mall, and so on). Add other locations that you know. Include the homes of the people in your group, but do not label them. Show your map to another group, whose members will ask questions in order to find out who lives where. For example:

Antonio, ¿vives cerca o lejos de la escuela?
Marta, ¿es blanca tu casa? ¿Hay jardín?

3 Casas bonitas

Bring to class pictures of rooms cut from catalogues or magazines. Bring pictures of as many different kinds of rooms as you can. Then, in a group, choose the pictures you want to use to create a poster showing all the rooms of the house. Describe your house to another group and they will describe theirs to you. Afterwards, take turns comparing your two houses. For example:

Nuestra cocina no es grande, pero su cocina es grande y moderna.

✔ Ahora lo sabes

Using what you have learned so far, can you:

- tell where someone puts something?

- say what someone makes or does?

- tell where someone lives?

- tell what someone prefers?

- describe what belongs to your family or to someone else's family?

- describe a *casita* and explain its function?

¡Vamos a leer!

www.pasoapaso.com

Antes de leer

STRATEGY ➤ Using prior knowledge

What kind of vacation house would you like to have? Write down the three features that are most important to you.

1. cerca del mar
2. cerca de las montañas
3. muchos dormitorios
4. aire acondicionado
5. club de deportes
6. piscina
7. club de jóvenes
8. garaje privado
9. vistas bonitas

Find someone else in the class who made at least two of the same three choices. He or she will be your partner.

Mira la lectura

STRATEGY ➤ Scanning

Working with your partner, read this ad for a vacation village and look for your three features.

Underline the features on your list that you found in the ad.

Construcciones S.A.
Una oportunidad única

Playamar

Playamar es un complejo de primera categoría.

Es una comunidad viva, con restaurantes, tiendas, zonas de recreo, centros deportivos y un campo de golf de 18 hoyos.

Sus casas son bonitas y bien distribuidas, construidas con chimeneas, aire acondicionado, calefacción central, cocinas totalmente equipadas . . . y grandes terrazas y porches privados con magníficas vistas al mar y a las montañas.

Playamar incluye casas de 2, 3 y 4 dormitorios. Algunas están alrededor de una plaza. Otras están alrededor de una de nuestras tres piscinas, y otras frente al mar.

Un lugar tan maravilloso tiene que estar reservado sólo a los muy ricos, ¿verdad? ¡Nada más lejos de la realidad!

Ud. también puede vivir en Playamar.

Para obtener más información llame al 555-7777.

Infórmate

STRATEGY ▶ **Coping with unknown words**

Remember that when you find an unknown word in a reading, you should first decide whether or not that word is important to understanding the whole selection. If you think it is, first ask yourself: Is this a cognate? If it is, the English meaning will probably suggest the Spanish meaning to you. For example, you can probably figure out what *categoría* means because it looks like an English word you know. Work with your partner to decide what you think *de primera categoría* means. Re-read the text to see if your idea makes sense.

If the word isn't a cognate, the words around it can also help you figure it out. For example, you probably figured out what *aire acondicionado* means. If *aire acondicionado* is something used in hot weather, the ad might also mention something used in cold weather. See if you can figure out which expression in the same sentence gives you this information. (HINT: Think about the expression *hace calor*.)

Use these techniques to read the ad carefully. Then draw a rough map of the development's major features. Use it to explain to a partner why you would or would not like to buy a house there. If you would, imagine that you have bought one and explain to him or her exactly where it is and what features it has.

Aplicación

1 Tell your partner five new words that you learned from this reading.

2 Think what a community such as this might be like in the United States. In Spanish, explain to a partner the similarities and the differences.

¡Vamos a escribir!

Imagine you are a real estate agent. You have to write an ad for a house in Spanish.

Bring an illustration of a house to class. It can be a photo, a drawing, or a picture cut from a magazine. Glue or tape it to a piece of poster paper or light cardboard. Put everyone's into a big box, and take one from the box without looking.

1 First, find the student who prepared the picture you chose. Take notes for your ad as you ask about the house. You may want to use these questions and phrases:

¿Dónde está la casa?
¿Está cerca/lejos de . . . ?
¿Tiene . . . ?
¿Cuántos(as) . . . tiene?
¿Qué muebles . . . ?
¿Cuánto cuesta?

2 Write a first draft of your ad, and show it to your partner. Ask for suggestions. Think about your partner's suggestions and other changes that you may want to make. Then revise your ad.

3 Copy edit your ad using the following checklist:

- spelling
- capital letters
- punctuation
- correct use of *-ir* verbs
- correct use of possessive adjectives

4 Now you are ready to share your work. You can:

- display the ads on a bulletin board and choose the house you want to buy
- collect all the ads in a book called *Se venden casas*
- include your ad in your portfolio

Casa en la zona de Chapultepec, Ciudad de México

Resumen del vocabulario

Use the vocabulary from this chapter to help you:

- tell where you live
- describe your home
- name household chores

to talk about where someone lives
cerca (de)
lejos (de)
vivir: (yo) vivo
     (tú) vives

to talk about houses or apartments
el apartamento
el baño
la casa de (...) pisos
el césped
la cocina
el comedor
el cuarto
el dormitorio
el garaje
el lavadero
el (primer) piso
la sala
la sala de estar
el sótano

to name household items
la cama
el cartel
el coche
la cómoda
la cosa
el cuadro

el equipo de sonido
el escritorio
el espejo
la estufa
el guardarropa
la lámpara
los muebles
la puerta
el refrigerador
la silla
el sillón, *pl.* los sillones
el sofá
la ventana
la videocasetera

to describe household items
bastante
antiguo, -a
cómodo, -a
cuadrado, -a
de cuero
de madera
de metal
incómodo, -a
limpio, -a
moderno, -a
redondo, -a
sucio, -a

to indicate possession
nuestro, -a
su, sus (here: *their*)

to name household chores
arreglar
cortar (el césped)
hacer: (yo) hago
     (tú) haces
hacer la cama
lavar la ropa / los platos
limpiar
pasar la aspiradora
poner: (yo) pongo
     (tú) pones
poner / quitar la mesa
el quehacer (de la casa)
sacar la basura
sacudir los muebles

to indicate preferences
preferir ($e \rightarrow ie$)

to indicate obligation
tener que + *inf.*

to indicate that someone is right or wrong
(no) tener razón

to indicate (dis)agreement
(no) estar de acuerdo

other useful words
más (here: *else*)

www.pasoapaso.com

Capítulo 9

¿Cómo te sientes?

OBJECTIVES

At the end of this chapter,
you will be able to:

- describe how you are feeling and tell where you hurt

- ask how someone else is feeling

- suggest things you or others can do to feel better and maintain good health

- discuss health practices in the Spanish-speaking world

La medicina antigua y la moderna (1953), Diego Rivera

105

¡Piénsalo bien!

Look at the photos. Does it look as if approaches
to health care differ much between Spanish-speaking countries
and the United States? What differences do you see?
What similarities?

En un área rural de Honduras

"La médica vive en Tegucigalpa, pero a veces viene también a las áreas rurales.
Es una mujer muy simpática."

Do you know how health care is handled in rural areas of the United States
or in towns that are too small to support a doctor?

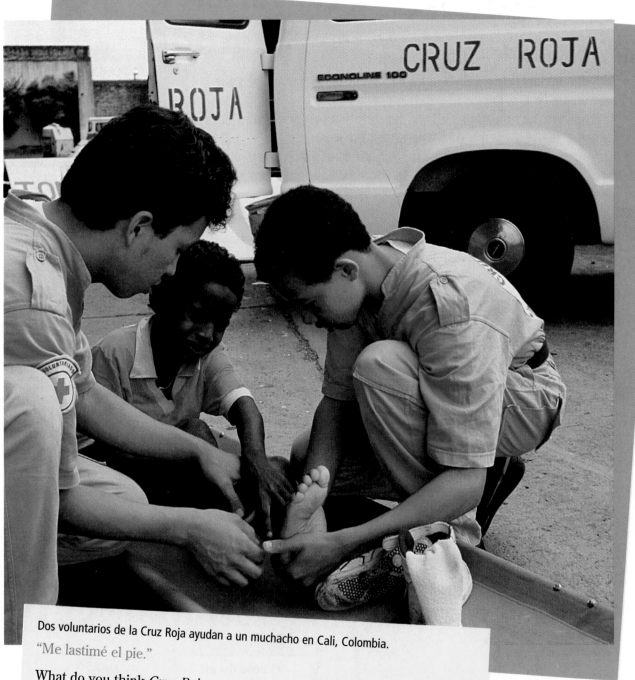

Dos voluntarios de la Cruz Roja ayudan a un muchacho en Cali, Colombia.

"Me lastimé el pie."

What do you think *Cruz Roja* means?
What do you think might have happened to the boy?

www.pasoapaso.com
Visit these countries on-line

Cultural
Exploration

Vocabulario para conversar

¡Ay! ¡Me duele el pie!

- As your teacher names a body part, point to that part of your own body.
- As your teacher points to one of his or her body parts and names it, say *sí* if the statement is true and *no* if it isn't.
- As your teacher asks *¿Te duele(n) __?,* answer *sí* if it hurts and *no* if it doesn't.

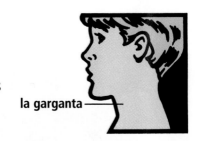

la garganta

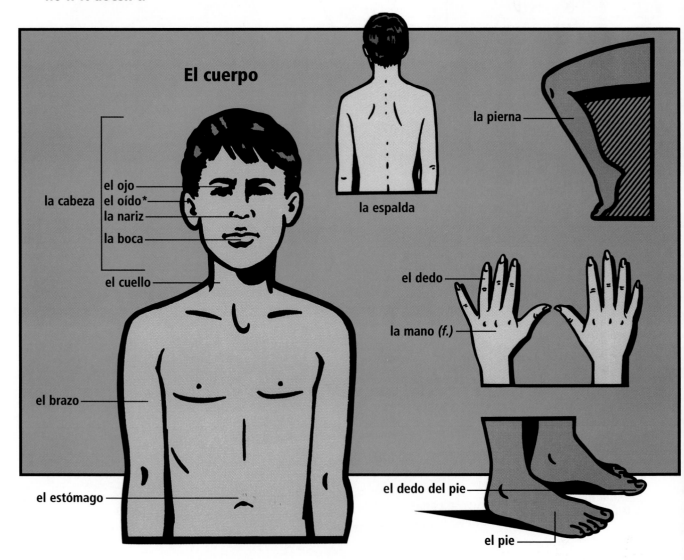

El cuerpo

la cabeza
el ojo
el oído*
la nariz
la boca

el cuello

la espalda

la pierna

el dedo

la mano *(f.)*

el brazo

el estómago

el dedo del pie

el pie

*El oído means the inner ear, the part that usually hurts. The outer ear, the part you see, is *la oreja.*

dormir (o → ue)

hacer ejercicio

la médica*

el médico

También necesitas . . .

¡Ay!	*Ouch!*
Me siento bien/mal.	*I feel well/ill.*
¿Qué pasa?	*What's the matter?*
doler (o → ue)	*to hurt, to ache*
¿Qué te duele?	*Where does it hurt?*
(A mí) me duele(n)† ___.	*My ___ hurts (hurt).*
(No me duele) nada.	*Nothing (hurts me).*
derecho, -a	*right*
izquierdo, -a	*left*
¿Cuánto tiempo hace que (te duele la cabeza)?	*How long has (your head hurt)?*
Hace (una hora) que (me duele la cabeza).	*(My head has hurt) for (an hour).*
(Yo) creo que ___.	*I think that ___.*
Debes quedarte en la cama.	*You should stay in bed.*
llamar	here: *to call*

¿Y qué quiere decir . . . ?
el dolor

*To refer to or address a physician, we use the term *doctor(a)*:
—*Doctor, me duele mucho la cabeza.*
†With expressions like *me/te duele(n)*, we usually use the definite article (*el, la, los, las*) when talking about body parts: *Me duele el brazo.*

Empecemos a conversar

With a partner, take turns being *Estudiante A* and *Estudiante B*.
Use the words that are cued or given in the boxes to replace the
underlined words in the example. 💡 means you can make
your own choices. When it is your turn to be *Estudiante B*, try
to answer truthfully.

1

A —*¿Qué pasa? ¿Te duele la mano?*
B —*Sí, me duele.*
    o: *No, no me duele.*

Estudiante A

Estudiante B

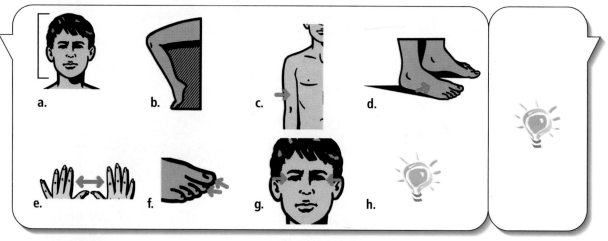

a.   b.   c.   d.

e.   f.   g.   h.

2

A —*¿Cuánto tiempo hace que te duele la garganta?*
B —*Hace dos días que me duele.*

Estudiante A

Estudiante B

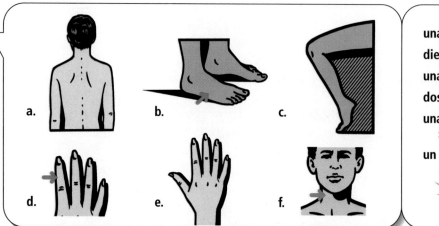

a.   b.   c.

d.   e.   f.

una hora (dos horas . . .)

diez (veinte . . .) minutos

una hora y media

dos (tres . . .) días

una semana (dos
   semanas . . .)

un mes (dos meses . . .)

3   A —¿*Qué pasa? ¿Te duele el pie*?
       B —*Sí, el derecho*.

Estudiante A

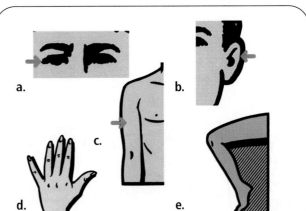

a.

b.

c.

d.

e.

Estudiante B

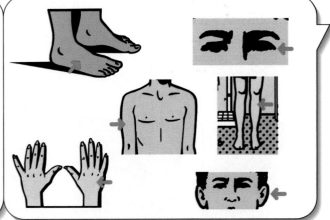

4   A —*Me siento mal. Me duele la cabeza*.
       B —*Creo que debes descansar*.
          o: *No debes _____*.

Estudiante A   Estudiante B

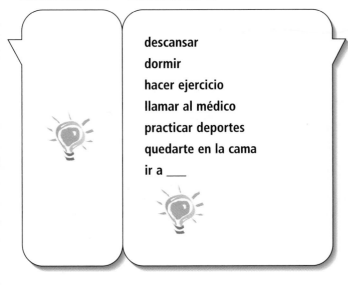

descansar
dormir
hacer ejercicio
llamar al médico
practicar deportes
quedarte en la cama
ir a ___

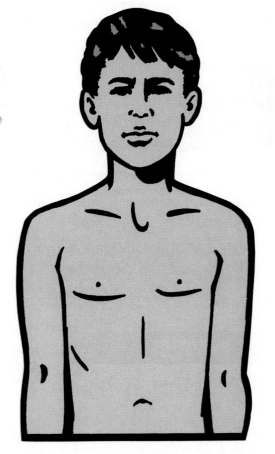

Empecemos a leer y a escribir

Responde en español.

1 Match these aches and pains with the activities you have just been doing.

1. comer demasiado
2. estudiar toda la noche para un examen
3. tocar el piano por tres horas
4. hablar por teléfono por dos horas
5. participar en un maratón

a.

b.

c.

d.

e.

Now write a sentence for each picture. For example:

Me duelen los pies.

2 ¿Qué debes hacer cuando te duele la cabeza? ¿Y cuando te duele todo el cuerpo?

3 ¿Te duele algo? ¿Qué? ¿Cuánto tiempo hace que te duele(n) el/la/los/las ___? ¿Qué piensas hacer?

MORE PRACTICE

Practice Workbook 9–1, 9–2

www.pasoapaso.com

Estos muchachos trabajan como voluntarios para la Cruz Roja en Cancún, México.

Hay una gran cantidad de [imagen] que parecen [imagen] . Pero sólo unas son las auténticas. Cuando Ud. sepa cómo se llaman, puede ganar un [imagen] y 999 premios más. Encontrará las tarjetas para participar en el sorteo donde se vendan las [imagen] :

Perspectiva CULTURAL

¿Qué haces cuando estás enfermo(a)? ¿Llamas al médico? ¿Tomas medicina que te receta el médico?

Look at the photos. What two kinds of health care are represented here? Why might someone who is sick sometimes choose one kind of health care and sometimes another?

Imagine that you aren't feeling well. Your mother talks to some older women she knows, but they can't agree on what your illness is or how to treat it.

There is a woman in your community who is not a doctor but who is known to be able to help people who are sick. You go to see her. She asks about your symptoms and your recent activities. She may prescribe massage, chamomile tea or some other type of herbal drink, or a mustard plaster. You do what she recommends, and soon you feel better.

Members of many ethnic groups treat an illness in this way. They may consult a doctor, or they may decide the illness can be more easily cured by consulting a folk healer.

La cultura desde tu perspectiva

1 Why might someone choose to go to a folk healer instead of a doctor?

2 If you were living in a Spanish-speaking country and your friends and neighbors went to folk healers, would you do the same? Why or why not?

Curandera (1989), Carmen Lomas Garza

Esta médica española le examina la presión arterial a la joven.

Vocabulario para conversar

¿Qué tienes?

- As your teacher reads the name of each illness, show your partner the appropriate picture and act as if you have that illness.
- As your teacher names each ailment, say *sí* if it's a serious enough reason to stay home from school and *no* if it will never work to get you a day off.
- As your teacher names each ailment, say *sí* if the description is true for you now and *no* if it isn't.

La enfermería

Tengo dolor de cabeza.

Tengo dolor de garganta.

Tengo dolor de oído.

Tengo dolor de muelas.

Tengo dolor de estómago.

Tengo frío.*

Tengo calor.*

Tengo un resfriado.

Tengo sueño.*

Tengo gripe.

Tengo fiebre.

el hospital

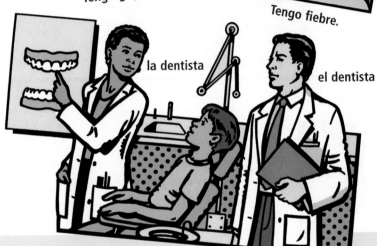
la dentista

el dentista

También necesitas . . .

Spanish	English
¿Qué tienes?	*What's wrong?*
(Yo) me lastimé (la pierna).	*I hurt (my leg).*
¿Cómo te sientes?	*How do you feel?*
mejor	*better*
peor	*worse*
Debo quedarme en la cama.	*I should stay in bed.*
tomar	here: *to take*
ahora	*now*
todavía	*still*
ya no	*no longer, not anymore*
¿no?	*don't you? aren't I? won't they? . . .*

¿Y qué quiere decir . . . ?
la clínica
la fiebre
terrible

*To say "very," use *mucho* with *sueño, frío,* and *calor.* Use *mucha*
with *hambre* and *sed: Tengo mucho sueño y mucha sed.*

Empecemos a conversar

1

A —¿Tienes _calor_?
B —Sí, tengo _calor_.
    o: _No, no tengo calor._

Estudiante A

Estudiante B

a.   b.   c.

d.   e.

2

A —¿Cómo te sientes? ¿Está mejor tu _oído_?
B —No, ahora está peor. Creo que debo _tomar algo_.

Estudiante A

Estudiante B

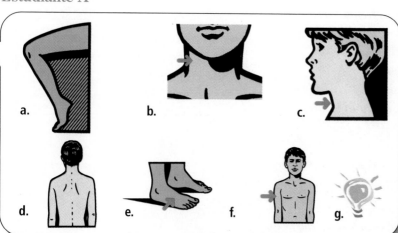

a.   b.   c.

d.   e.   f.   g.

descansar
ir a la enfermería
ir al hospital
llamar al médico
quedarme en la cama
tomar algo

3

A —*Vamos a <u>jugar básquetbol</u> el viernes, ¿no?*
B —*Lo siento, pero no puedo. Me lastimé <u>el pie</u> y me <u>duele</u> mucho.*
A —*¡Qué lástima!*

Estudiante A

Estudiante B

a.   b.   c.   d.   e.

4

A —*¿Todavía tienes <u>fiebre</u>?*
B —*No, ya no tengo <u>fiebre</u>. <u>Tengo frío</u>.*

Estudiante A   **Estudiante B**

¡No olvides!

Me duele el pie.

Me duele**n los** pie**s**.

Un domingo en el
Parque de Chapultepec

Empecemos a leer y a escribir

Responde en español.

1 Read what these students say and decide which one should see a doctor. Which one should stay home from school? Which one should go to school?

MARTA: Me siento muy mal. Me duele todo el cuerpo. También tengo fiebre. A veces tengo frío, a veces calor. Hace dos días que no me siento bien.

JORGE: Me duele la cabeza. Tengo mucho sueño, y creo que tengo fiebre también.

ADÁN: Me duele un dedo.

Choose the two most seriously ill students and write them a message that includes what they should do to feel better.

También se dice

Tengo calentura.

Tengo gripa.

Tengo catarro.
Tengo resfrío.

¡No te sientes bien!

Creo que te sientes mejor.

¿No te gusta quedarte en la cama?

www.pasoapaso.com

MORE PRACTICE

Practice Workbook 9–3, 9–4

2 ¿Cómo te sientes?

3 Escribe otras dos preguntas como "¿Cómo te sientes?"

4 Cuando tienes dolor de estómago, ¿qué debes hacer?

COMUNIQUEMOS

Here's another opportunity for you and your partner to use the vocabulary you've just learned.

1 On three index cards, write three different health problems. Put everyone's cards into a bag. Each person will draw a card and act out the health problem given on the card. The class must diagnose the problem and then make a recommendation. For example:

Te duele el brazo izquierdo.
No debes jugar básquetbol hoy.
o: *Debes descansar esta tarde.*

2 Take turns with a partner playing the parts of an enthusiastic tourist and a friend who hasn't been well.

A —*¡Qué bonito está el día! ¿Quieres ir a tomar el sol?*
B —*Lo siento, pero me duelen mucho los ojos.*
  o: *Sí, ya no me duelen los ojos.*

3 Take turns with a partner playing the roles of a student who is not feeling well and the school nurse. Your dialogue should include:

- greetings
- questions and answers about the problem
- the nurse's suggestion
- polite good-by

✓ Ahora lo sabes

Using what you have learned so far, can you:

- **name some parts of your body?**

- **tell someone how you feel or describe your symptoms?**

- **say how long you have been feeling that way?**

- **make a suggestion to someone who is feeling ill?**

Conexiones

These activities connect Spanish with what you are learning in other subject areas.

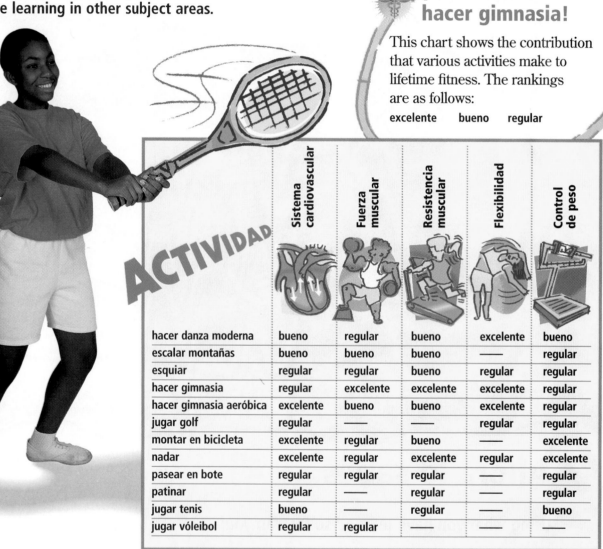

¡Me encanta hacer gimnasia!

This chart shows the contribution that various activities make to lifetime fitness. The rankings are as follows:

excelente   **bueno**   **regular**

ACTIVIDAD	Sistema cardiovascular	Fuerza muscular	Resistencia muscular	Flexibilidad	Control de peso
hacer danza moderna	bueno	regular	bueno	excelente	bueno
escalar montañas	bueno	bueno	bueno	——	regular
esquiar	regular	regular	bueno	regular	regular
hacer gimnasia	regular	excelente	excelente	excelente	regular
hacer gimnasia aeróbica	excelente	bueno	bueno	excelente	regular
jugar golf	regular	——	——	regular	regular
montar en bicicleta	excelente	regular	bueno	——	excelente
nadar	excelente	regular	excelente	regular	excelente
pasear en bote	regular	regular	regular	——	regular
patinar	regular	——	regular	——	regular
jugar tenis	bueno	——	regular	——	bueno
jugar vóleibol	regular	regular	——	——	——

Plan a two-week fitness program for yourself with at least three different activities. Together the activities should improve all the major kinds of fitness.

In a group, compare your plans and combine them to create a two-week fitness plan for students. Create a poster for your group's plan, and display it in the classroom.

Actividad	Cuánto tiempo	Qué día
hacer gimnasia	media hora	lunes, miércoles y viernes
nadar	veinte minutos	sábado

Para pensar

Juan, María, Pedro y Beto están enfermos. A cada uno le duele algo diferente. Les duelen el pie, una muela, el estómago y un dedo. ¿Qué le duele a quién?

Beto juega mucho fútbol.

María va al dentista cada seis meses.

Juan come tres meriendas todos los días.

El hombre biónico

Look at this list of body parts. Which ones can be replaced by totally artificial ones? What do you think the artificial ones are made of? Are they controlled by small computers? Make a chart like the one below and fill in your predictions.

	¿Artificial?	¿Material?	¿Computadora?
el brazo	sí	de plástico	sí
la cabeza			

- el brazo
- la cabeza
- la pierna
- la rodilla (knee)
- algunas partes del ojo
- la mano
- el dedo
- el estómago

Then research the topic and change the chart, if necessary, to fit the facts. Use the chart to tell a partner what you have learned. You may want to use sentences such as these:

(No) Hay ___ artificiales.
Son de ___ .
(No) Tienen una computadora pequeña.

¡No olvides!

You know how to say that something is made of leather, wood, or metal: *de cuero, de madera, de metal.*

Para decir más

Here is some additional vocabulary that you might find useful for activities in this section.

de plástico
(made of) plastic

de vidrio
(made of) glass

de goma
(made of) rubber

Gramática en contexto

This is a newspaper ad. What is the name of the product?
What is it for?

Le gustaría dormir bien, ¿no?
Pero ¿cómo duerme Ud.?

Dormir bien es importante para la salud.
Por eso, **COLCHÓN SUPREMO.**

¿Por qué le duele todo el cuerpo por la mañana?
¿Por qué le duelen el cuello y la espalda?
Porque no duerme en un Colchón Supremo.

Todos dormimos bien porque
tenemos Colchones Supremo.

COLCHONES SUPREMO
¡PARA TODA LA FAMILIA!

A Look at the first question in the ad. What verb follows *Le gustaría?* What form is it in? Now look at what the people are saying. What verb follows *Todos?* Based on what you know about verbs, whom do you think the verb refers to? Explain your answer to a partner.

B Read the second question in the ad. Whom is the question addressed to? Now ask your partner the same question, using *tú* instead of

usted. Based on what you know about verbs, predict what the *Uds./ellos/ellas* form of the verb might be. What other verb does *dormir* remind you of? How are these verbs similar and different?

C Find the three questions in the ad that use *le.* Ask your partner those same questions. What word did you use instead of *le?* Work with your partner to explain why.

El verbo *dormir*

Like *poder*, *dormir* is an *o* → *ue* stem-changing verb. Here are all of its present-tense forms:

(yo)	d**ue**rmo	(nosotros) (nosotras)	d**o**rmimos
(tú)	d**ue**rmes	(vosotros) (vosotras)	d**o**rmís
(Ud.) (él) (ella)	d**ue**rme	(Uds.) (ellos) (ellas)	d**ue**rmen

1 Using the chart above, choose which form of the verb *dormir* would be used:

a. to say that one person sleeps a lot on weekends
b. to say that more than one person sleeps a lot on weekends
c. to say that you sleep a lot on weekends
d. to say that you and your family sleep a lot on weekends
e. to ask a friend if he or she sleeps a lot on weekends

¡No olvides!

Here are all of the other *o* → *ue* stem-changing verbs that you know: *costar, doler, poder.*

2 Ask your partner if these people sleep well.

Soledad

A —¿*Duerme bien Soledad?*
B —*No, duerme mal porque tiene gripe.*

a. Carolina y Lupe

b. Marco

c. Raúl y Víctor

d. (tú)

e. Uds.

¿Y cómo duermes tú? ¿Por qué?

El complemento indirecto: Los pronombres *me, te, le*

Indirect object pronouns replace indirect object nouns. We use indirect object pronouns with *doler (o → ue)*.

- In Spanish, the part of the body that hurts is the subject of the sentence and the verb agrees with it. The indirect object pronoun tells who hurts:

    Me duele **la pierna.**

    Me duele**n las piernas.**

(yo)	**me**	(tú)	**te**	(Ud.) (él) (ella)	**le**

- We also use indirect object pronouns with *gustar* and *encantar.* The verb agrees with the subject in this case, too.

    Le encantan los deportes pero no **le gusta** la música.

- When an infinitive follows one of these verbs, the verb is singular.

    Le encanta bucear, pero no **le gusta esquiar**.

- Sometimes we use *a* + a pronoun or a person's name for emphasis or to make it clear whom we are referring to.

    Me duelen los pies. Y **a ti**, ¿qué **te** duele?

    A Pablo le duelen los pies.

    A Ud. le duelen los pies, ¿no?

3 Which words on the right could you use with each expression on the left? You may use the words more than once.

a. me duele   las piernas
b. me encantan   la cabeza
c. le encanta   los sandwiches de jamón y
d. le duelen   queso
e. te gusta   el jugo de naranja
f. te duelen   hacer ejercicio

4 After exercising for a long time your whole body hurts. With a partner, take turns asking and answering questions about what hurts.

A —*¿Qué te duele?*
B —*Me duele el cuello.*

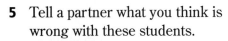

5 Tell a partner what you think is wrong with these students.

Manolo

A —*Veo que Manolo no lee.*
B —*No, creo que le duelen los ojos.*

a. Elena

b. Rafa

c. Alicia

d. Arturo

e. Miguel

f. Diana

6 Find out from four classmates which foods they like or don't like.

A —*¿A ti te gustan las manzanas?*
B —*Sí, a mí me gustan.*
  o: *Sí, a mí me encantan.*
  o: *No, a mí no me gustan.*

Now report to your partner about your classmates' food preferences.

A Fernando le encantan las manzanas.

MORE PRACTICE

Practice Workbook 9–5, 9–7

Perspectiva CULTURAL

In many Spanish-speaking communities, folk remedies have been used and passed down from generation to generation because they work. The sources of many of them are plants with medicinal value. For example, the principal ingredient of aspirin was found in the bark of the white willow tree. Quinine, which is used to treat malaria, came from the bark of a Peruvian tree, the cinchona. Because of their biodiversity, rainforests are an especially rich source of potential medicines.

These are some examples of Mexican folk remedies. If you had a stomachache, your grandmother might prescribe a tea made from mint (*yerbabuena*). If you had an earache, she might wrap a little piece of camphor (*alcanfor*) or the herb rue (*ruda*) in cotton and put it in your ear.

In Puerto Rico, your grandmother might prescribe these remedies. For minor burns, she might suggest a paste made from grated raw potatoes or the gel of an aloe vera plant. (The gel of the aloe vera plant is also good for sunburn.) For colds, she might make a tea made from ginger root, elderberry leaves, or orange leaves. She might add some honey if you like it.

ruda

yerbabuena

La cultura desde tu perspectiva

1 Are any of these remedies similar to home remedies used in your family?

2 Why might people who live in tropical countries know about an especially large number of home remedies?

⬤ramática en contexto

Look at the cartoon and read the speech balloons.

A In the first frame, what is the centipede looking at? Read the two parts of the sentence to your partner. What word has been dropped in the second part? Explain why to your partner.

B In the second frame, what are the two parts of the centipede's answer? Read them to your partner. What word connects the two parts? What information do you find in the second part of the sentence? And in the first?

C In the third frame, what part of the patient's body is the doctor examining?

La sustantivación de adjetivos

Look at how we can avoid repeating the noun in these instances:

¿Te duele el pie derecho o **el pie izquierdo?**
¿Te duele el pie derecho o **el izquierdo?**

¿Qué prefieres, un vestido blanco o **un vestido amarillo?**
¿Qué prefieres, un vestido blanco o **uno amarillo?**

To avoid repetition we can drop the noun in the second part of the sentence (*o el pie izquierdo*) and put the definite or indefinite article right before the second adjective (*o el izquierdo*). The adjective must agree in gender and number just as if the noun were still there. Note that *un* becomes *uno(a)* when it is not followed by a noun.

We can do the same thing with descriptions that begin with *de*. For example:

¿Qué haces, la tarea de ciencias o **la de español?**

¿Necesitas una regla para la clase de arte o para **la de matemáticas?**

1 Read each sentence, substituting an article + adjective for the repeated noun.

a. Quiero comprar un sillón rojo y un sillón azul.
b. En mi baño tengo un espejo redondo y un espejo cuadrado.
c. En la sala hay un sofá incómodo y un sofá cómodo.
d. ¿Prefieres un escritorio moderno o un escritorio antiguo?
e. ¿Vives en una casa grande o en una casa pequeña?
f. ¿Te gustaría comprar una silla de madera o una silla de metal?

una pequeña
uno antiguo
una de metal
uno azul
uno cuadrado
uno cómodo

2 Find out from your partner what's the matter with him or her.

A —¿Qué tienes?
B —Me duele el pie.
A —¿El derecho o el izquierdo?
B —El derecho.

a.

b.

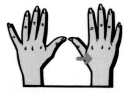
c.

d.

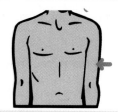
e.

3 You and a friend are shopping together. Ask which article of clothing he or she prefers.

A —¿Cuál prefieres, el/la/los/las ___ o el/la/los/las ___?
B —El/la ___.

a.

b.

c.

d.

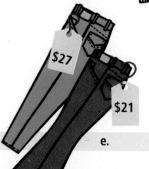
e.

f.

La expresión *hace . . . que*

If we want to ask how long something has been going on, we can use *Cuánto tiempo hace que* + present-tense verb.

¿Cuánto tiempo hace que estás enferma?

¿Cuánto tiempo hace que María y Ana **descansan?**

To tell how long something has been going on, we use *Hace (tres días) que* + present-tense verb.

Hace una semana **que estoy** enferma.

Hace dos horas **que** María y Ana **descansan.**

4 Which verbs or expressions can be used to complete the question
¿Cuánto tiempo hace que _____?

a. hacen ejercicio
b. tienes un resfriado
c. descansan
d. dormir

e. están enfermos
f. tener fiebre
g. le duele el pie izquierdo

5 Choose the words you could use to logically complete the expression
Hace ___ que.

a. dos años
b. el primero de diciembre
c. una semana
d. el viernes
e. tres días
f. veinte minutos
g. los fines de semana
h. cuatro horas
i. los sábados
j. la una y media

Una farmacia en Santiago, Chile

6 Ask your partner how long these people have been sick.

Julio / 2 días

A —¿*Cuánto tiempo hace que Julio tiene dolor de garganta?*
B —*Pues, hace dos días que está enfermo.*

a. Luisa / 4 días

b. Esteban / 2 días

c. Mateo / 5 días

d. Laura / una semana

e. Inés / 3 días

f. Andrés / 4 días

7 Identify three activities that your partner does, and find out how long he or she has been doing them. Then report to the class. For example:

A —¿*Tú patinas?*
B —*Sí.*
A —¿*Cuánto tiempo hace que patinas?*
B —*Hace dos años (que patino).*
A —*Hace dos años que (nombre) patina.*

MORE PRACTICE

Practice Workbook 9–8, 9–9

Vitamina C
directa a la boca

Cebiolón es la nueva forma más práctica, cómoda y rápida de tomar vitamina C.
Cebiolón naranja y Cebiolón limón se disuelven en la boca, sin necesidad de agua.
Por fin, vitamina C directa a la boca.

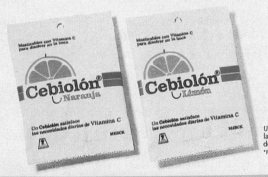

Consulta a tu Farmacéutico

MERCK

Un Cebiolón cubre
las *necesidades diarias
de Vitamina C. (50 mgs.).
*Food and Nutrition Board. National Research Center (U.S.A.).

TODO JUNTO

Here's an opportunity for you to put together what you learned in this chapter with what you learned earlier.

1 ¿Hace cuántos años?

As a class, choose four activities, and find out who in the class has been doing them the longest. In a group, choose someone to ask about the activities and someone to record the information.

bucear	hacer quehaceres de la casa	patinar
cocinar	hacer tu cama	practicar deportes
cortar el césped	ir solo(a) a(l)	sacar fotos
dibujar	jugar ___	subir montañas
esquiar	nadar	tocar la guitarra
estudiar ___	pasear en bote	visitar museos

tocar la guitarra	nadar
Felipe 4 meses	Roberto 7 años
María 6 meses	Diana 2 años

As a class, compare the information. Make a chart like the one for your group on the chalkboard. Use sentences such as this to compare the data.

Hace siete años que Roberto nada, pero hace sólo dos años que Diana nada.

2 Ayuda a tu comunidad

With a group, prepare a public service radio or TV announcement about good health. Follow these steps:

a. Brainstorm ideas.
   You may want to talk about a particular health problem in your community.
b. Write the script.
   (Follow the steps of the writing process.)
c. Practice the announcement.
d. Present and record it.

You may want to use the following expressions:

(No) debes . . .
Necesitas . . .
Puedes . . .
. . . bueno(a)/malo(a) para la salud

3 El hijo del monstruo de Frankenstein

Draw a monster or create one from magazine pictures pasted onto a sheet of paper. Label the body parts and articles of clothing that you have learned. Give your monster a name, and present him or her to your group. You may want to tell your group these things:

- su nombre y su edad
- su familia
- su ropa
- sus pasatiempos favoritos
- su comida favorita

✔ Ahora lo sabes

Using what you have learned so far, can you:

- **recommend a way to maintain good health?**

- **say that a part of your body hurts?**

- **tell how long something has been going on?**

- **make your conversation more natural by avoiding the repetition of nouns?**

¡Vamos a leer!

Cultural Activity

Antes de leer

STRATEGY ➤ **Using prior knowledge**

This selection is from a New York City magazine called *La Familia de la Ciudad*. It appeared in a column called *Pregúntale al Doctor*. Work with a partner to add to this word web as much information about allergies and asthma as you can.

gatos

causas de alergias y asma

Mira la lectura

STRATEGY ➤ **Skimming**

Skim the selection to get a general idea of what it says. What two groups are most likely to be interested in what this selection says?

a. padres de jóvenes
b. hijos pequeños
c. jóvenes
d. padres de hijos adultos

Pregúntale al Doctor

¿Cómo puedo saber si mi hijo tiene alergias o solamente resfríos?

Si los "resfríos" ocurren durante la misma época cada año, o en el mismo lugar, es muy probable que sea una alergia y no un resfrío.

Mi hija tiene asma, pero igual quiere nadar y jugar al basket. ¿Eso es bueno?

Niños y adultos con asma deben hacer deportes, pero con supervisión médica y medicación previa.

¿Contribuyen las alergias a la comida al asma?

A veces las alergias a las comidas contribuyen al asma. Esto es más común en los niños que en los adultos.

Mis nietos tienen alergias. ¿Debe la familia mantener sus gatos en la casa?

Si sus nietos tienen alergia a los gatos, es necesario sacar los gatos de la casa. Pero no todas alergias son a los gatos. Si los gatos no son la causa de la alergia, no hay necesidad de sacarlos de la casa.

¿Qué son las alergias de temporada?

Las alergias de temporada ocurren cada año en la misma época. Generalmente son al polen y se encuentran en el aire en ciertas temporadas. En esta parte del país, el polen del césped y de los árboles en la primavera, y de la ambrosía en el otoño, son los causantes principales de las alergias de temporada.

Infórmate

STRATEGY ➤ **Using context to get meaning**

1 Sometimes you can figure out a new word easily because it is a cognate. For example, *la causa*. Can you find another word in the reading similar to *la causa?* What do you think it means?

Sometimes the new word is similar to one you already know. Find another way to say *básquetbol* in the selection.

Other times a new word may be a synonym of a word you already know. In the reading, find another way to say *la estación*.

2 Tell a partner in Spanish two things you learned about allergies and asthma in this selection.

Aplicación

1 Using the information in this selection, role-play a conversation between a student who has allergies and a school nurse.

2 Make a poster on the subject *Las alergias y tú*. Include an illustration and one or two sentences.

3 Use this word bank to complete the following sentences. Not all of the words will be used.

- la causa
- el polen
- la supervisión
- comunes
- la temporada
- principales

a. Con ___ médica, una persona con asma puede practicar deportes.
b. Si un resfrío ocurre cada año en la misma época, puede ser una alergia de ___.
c. Los gatos no son ___ de todas las alergias.
d. Las alergias a la comida son más ___ en los niños que en los adultos.

¡Vamos a escribir!

Make a poster in Spanish that might be displayed in a nurse's office or other medical facility. The poster should give information about how to prevent illness or how to take care of yourself when you are sick.

1 First, decide on your theme. Do you want to give suggestions for staying healthy *(Ideas para mantener la salud)*, such as eating healthful foods, exercising, and getting enough sleep? Or do you want to make suggestions for someone who has a cold *(Ideas para sentirte mejor)*, such as staying in bed, drinking a lot of water, and resting?

2 Write the suggestions that you will put on your poster. You may want to use the verbs *deber, necesitar,* or *tener que.*

3 Show the text of your poster to a partner. Then revise and edit it. Recopy your corrected sentences on your poster. You may want to add a drawing or a picture from a magazine to illustrate your suggestions.

4 Here are some ways you can share your work:
- Display your posters in the classroom, the hallway, or the nurse's office.
  - With your teacher's help, organize a school health fair, making your posters the main display.
  - With your teacher's help, find out if some nearby elementary school or health facility would like to display your posters.

"Me encanta caminar para hacer ejercicio."

142

Resumen del vocabulario

Use the vocabulary from this chapter to help you:

- describe how you are feeling and tell where you hurt
- ask how someone else is feeling
- suggest things you or others can do to feel better and maintain good health

to name parts of the body

la boca *mouth*
el brazo *arm*
la cabeza *head*
el cuello *neck*
el cuerpo *body*
el dedo *finger*
el dedo del pie *toe*
la espalda *back*
el estómago *stomach*
la garganta *throat*
la mano (f.) *hand*
la nariz *nose*
el oído *ear*
el ojo *eye*
el pie *foot*
la pierna *leg*
derecho, -a *right*
izquierdo, -a *left*

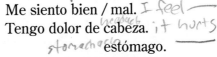

to ask how someone is feeling

¿Cómo te sientes? *how do you feel*
¿Qué pasa? *what's the matter*
¿Qué te duele? *where does it hurt*
¿Qué tienes? *what do you have*

to describe how someone is feeling

¡Ay! *ow*
el dolor *pain hurt*
doler (o → ue) *hurt*
(A mí) me duele(n) ___. *I hurt*
(No me duele) nada. *nothing hurts*

la fiebre *fever*
Me siento bien / mal. *I feel*
Tengo dolor de cabeza. *it hurts*
___ estómago. *stomachache*
___ garganta. *sore throat*
___ muelas. *toothache*
___ oído. *earache*
Tengo calor.
___ fiebre. *fever*
___ frío. *cold*
___ gripe. *flu*
___ sueño. *sleepy*
___ un resfriado. *cold*
I am not

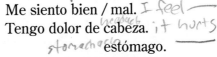

(Yo) me lastimé ___.
mejor *I feel better* *I hurt*
peor *I feel worse*
terrible *I feel terrible*

to name places to go or things to do when you are sick

la clínica *clinic*
la enfermería *health office / infirmary*
el hospital *hospital*
Debo quedarme en la cama.
Debes quedarte en la cama. *you must stay in bed*
llamar *call*
tomar *take - have ex food/drink*

to name ways to maintain good health

dormir (o → ue) *sleep*
hacer ejercicio *exercise*

to name medical professions

el / la dentista *dentist*
el médico, la médica *doctor*

to indicate how long something has been going on

¿Cuánto tiempo hace que ___? *how long has it been that*
Hace (una hora) que ___. *it's been an hour that*
ahora *now*
todavía *still / yet*
ya no *no longer (have a fever)*

to express and ask for an opinion

(Yo) creo que ___. *I think that*
¿no?

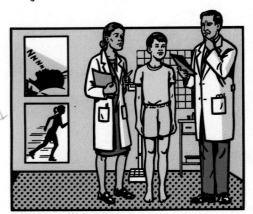

Resumen 143

VISIT www.pasoapaso.com

Capítulo 10

¿Qué hiciste ayer?

OBJECTIVES
At the end of this chapter,
you will be able to:

• name various places in your community

• name things you do in your community

• identify different means of transportation

• compare and contrast a Spanish-speaking community in the United States with another community you are familiar with

La Plaza de Armas, Zacatecas, México

¡Piénsalo bien!

Think about the many different errands and activities you normally do. Did you do any of the activities in these photos recently? Which ones? When?

En Madrid

"Voy al correo para enviar cartas."

LIBRERIA LOS ANDES
PAPELERIA

FOTOCOPIAS
NITIDAS   TRABAJOS POR ENCARGO

Bogotá, Colombia

"El sábado pasado fui con unas amigas para comprar un regalo. Hoy es el cumpleaños de mi abuelo y necesité comprarle algo. Fuimos a una librería donde busqué un libro. A mi abuelo le gusta mucho leer."

If you heard the word *librería*, what would you think it meant? Look carefully at the picture and decide if your guess would have been correct.

Córdoba, España

"Luego le compré una tarjeta."

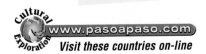
Cultural Exploration www.pasoapaso.com
Visit these countries on-line

Vocabulario para conversar

¿Adónde vas?

- As your teacher names one of the places shown, make a thumbs up sign if you went there last week and a thumbs down sign if you didn't.
- As your teacher reads the name of each place, show your partner the picture of an item that you could find there.
- As your teacher reads a number in the hundreds *(setecientos),* tell your partner the single-digit number that it's related to *(siete).*

el correo

enviar una carta

la farmacia

las pastillas
(para la garganta)

el jabón

la pasta dentífrica

el champú

ir a pasear

la biblioteca

el regalo

la tienda de regalos

sacar un libro

devolver
(o → ue)
un libro

el sello

la carta

BARILOCHE

la tarjeta postal

el supermercado

los comestibles

la librería

¡FELIZ CUMPLEAÑOS!

la tarjeta de cumpleaños

1000 MIL PESOS

mil

el dinero

doscientos *

trescientos

cuatrocientos

quinientos

seiscientos

setecientos

el banco

ochocientos

novecientos

sacar dinero

depositar dinero

*When a number ending in -ientos is followed by a feminine noun, we use -ientas instead: *quinientos libros* but *quinientas personas, trescientas cincuenta cartas.*

También necesitas . . .

abrir	*to open*	el partido	*game, match*
cerrar *(e → ie)*	*to close*	anoche	*last night*
llegar	*to arrive, to get to*	ayer	*yesterday*
devolver *(o → ue)*:	*to return (an object):*	luego	*afterward, later, then*
(yo) devolví	*I returned*	temprano	*early*
(tú) devolviste	*you returned*	tarde	*late*
enviar:	*to send:*	ya	*already*
(yo) envié	*I sent*	(Yo) no lo sabía.	*I didn't know that.*
(tú) enviaste	*you sent*	si	*if, whether*
hacer: (yo) hice	*I did / made*		
(tú) hiciste	*you did / made*		
sacar: (yo) saqué	*I took out*		
(tú) sacaste	*you took out*		
ver: (yo) vi	*I saw*		
(tú) viste	*you saw*		

¿Y qué quiere decir . . . ?
depositar: (yo) deposité
(tú) depositaste
¿Me compras ___?

Ciudad de México

¡No olvides!

Remember that *la tarde* means "afternoon" or "evening."

Empecemos a conversar

With a partner, take turns being *Estudiante A* and *Estudiante B*. Use the words that are cued or given in the boxes to replace the underlined words in the example. 💡 means you can make your own choices. When it is your turn to be *Estudiante B*, try to answer truthfully.

1

A —¿*Adónde vas?* ¿*Al parque?*
B —*Sí, y luego voy a ir a la tienda de descuentos.*

Estudiante A   Estudiante B

2

A —¿*Por qué vas a la librería?*
B —*Necesito (Para / Tengo que) comprar lápices.*

Estudiante A   Estudiante B

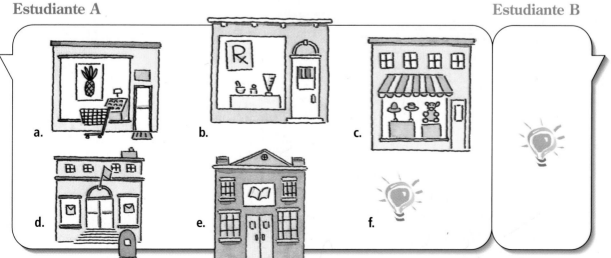

3   A —¿*A qué hora abre <u>el museo</u>?*
B —*Abre a las <u>once</u>. Y cierra a las <u>cinco y media</u> de la <u>tarde</u>.*

Estudiante A **Estudiante B**

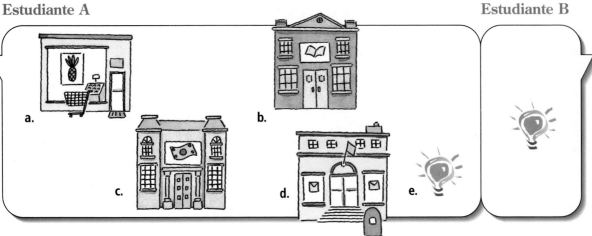

4   A —¿*Qué hiciste ayer? ¿Fuiste <u>a la farmacia</u>?*
B —*Sí, <u>compré pasta dentífrica</u>.*
  o: *No, fui <u>al almacén</u>.*

Estudiante A **Estudiante B**

¡No olvides!

Remember **al *parque de diversiones*** but **a la *playa*.**

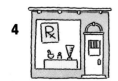

Empecemos a leer y a escribir

Responde en español.

1 ¿Adónde deben ir estas personas? Para cada persona, menciona dos lugares.

    a. El domingo es el cumpleaños de mi papá. Todavía no le compro ni tarjeta ni regalo.

    b. Tengo que depositar un cheque de mis abuelos, y necesito una biografía de Simón Bolívar para la tarea de historia.

    c. Salgo de vacaciones mañana. Necesito anteojos de sol y no tengo dinero.

    d. Tengo que ir de compras. Necesito fruta, champú, pan, leche, pasta dentífrica y pollo.

2 Lee estas frases sobre personas famosas. ¿Ya sabías (*did you know*) la información? En una hoja de papel escribe la letra de las frases y <u>Lo sabía</u> o <u>No lo sabía</u> para cada una.

    a. José Martí fue (*was*) un poeta cubano.

    b. Rodolfo Neri Vela es un astronauta mexicano.

    c. George Washington fue el primer presidente de los Estados Unidos.

    d. Isabel Allende es una novelista chilena.

    e. Frida Kahlo fue una artista mexicana.

    f. Alexander Graham Bell inventó el teléfono.

    g. Federico García Lorca fue un poeta español.

Escribe otras tres frases como éstas. Tu compañero(a) debe responder a ellas.

3 ¿Adónde fuiste ayer? ¿Y el fin de semana pasado? ¿A quiénes viste?

4 ¿Ya hiciste toda la tarea para hoy? ¿La hiciste anoche? Generalmente, ¿la haces por la tarde o por la noche?

5 ¿Generalmente llegas tarde o temprano a una fiesta? ¿A la escuela? ¿Al cine?

6 Generalmente, ¿qué haces con el dinero que recibes para tu cumpleaños? Imagina que recibiste mil dólares. ¿Qué vas a hacer con el dinero?

MORE PRACTICE

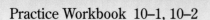

- Practice Workbook 10–1, 10–2

www.pasoapaso.com

la estampilla
el timbre

la postal

el hipermercado

los correos
la oficina de correos

la botica
la droguería

la pasta de dientes

Perspectiva CULTURAL

En esta ciudad hay muchos productos hispanos y servicios en español.

Do you think the photograph on page 155 was taken in the United States? Why do you think so? Looking at the signs, which language do you think predominates? Why? What do they tell you about the community and the people who live there?

Yrma is fourteen and lives in Chicago with her family. When she wants to see a Spanish-language movie at a local theater, she can find the information she needs in any of several Spanish-language papers published in the city. These are the papers that almost one million Spanish-speaking residents of Chicago can read to keep informed, look for a job, or find weekly sales on groceries.

Yrma's neighborhood is called Pilsen. It's one of several large Spanish-speaking communities in Chicago. Most residents of Pilsen are Mexican-American. The Pilsen community offers a large variety of products and services. Within walking distance of Yrma's home, you can find several small tortilla factories; offices of bilingual doctors, lawyers, and dentists; grocery stores with products from the United States and Mexico; bookstores and record stores with Spanish-language titles; restaurants; and several travel agencies.

A few blocks from Yrma's home is the Mexican Fine Arts Center Museum, where works by Mexican and Mexican-American artists are always on view.

People from other areas of Chicago come to Pilsen looking for the special products and services it offers. It's the logical place to look for the freshest tortillas in town or the latest pop hits from Mexico.

Yrma's neighborhood is a good example of how the many Spanish-speaking communities throughout the United States provide unique goods and services to the entire population of the city. Pilsen is part of the diverse mosaic of cultures that makes the United States a multicultural society.

La cultura desde tu perspectiva

1 How is Pilsen similar to or different from your own community?

2 Are there communities in your city where the primary language is something other than English? Have you visited them? What products and services do they provide?

La tienda de regalos del Mexican Fine Arts Center Museum

www.pasoapaso.com

Vocabulario para conversar

 Chapter 10 Vocabulary

¿Dónde queda la parada del autobús?

- As your teacher names the various places, say *sí* if you've been there within the last week and *no* if you haven't.
- Look at the map. As your teacher makes a statement about the location of different places, say *sí* if you agree and *no* if you don't.
- As your teacher reads the names of different places, think about your own community. Make a thumbs up sign if you usually walk there and a thumbs down sign if you usually go by car. Raise your hand if you go some other way.

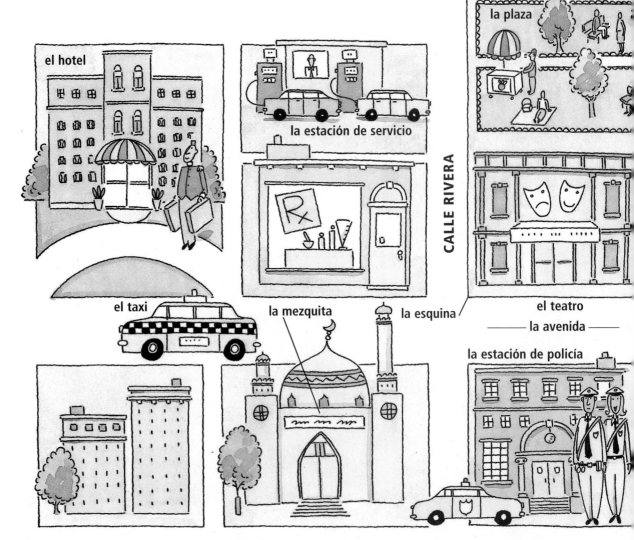

el restaurante

la plaza

el hotel

la estación de servicio

CALLE RIVERA

el taxi

la mezquita

la esquina

el teatro

la avenida

la estación de policía

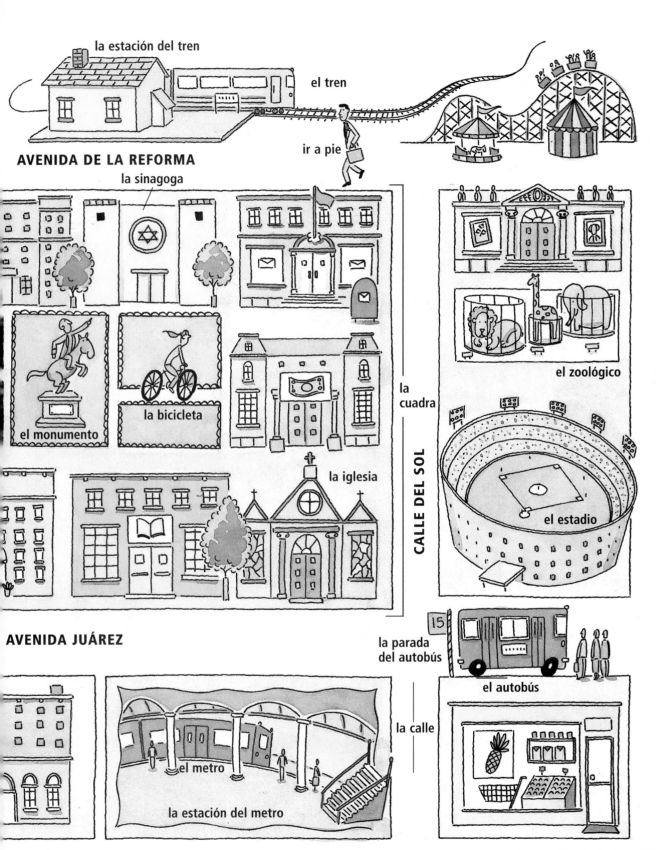

la estación del tren

el tren

ir a pie

AVENIDA DE LA REFORMA

la sinagoga

el monumento

la bicicleta

la iglesia

la cuadra

CALLE DEL SOL

el zoológico

el estadio

AVENIDA JUÁREZ

la parada
del autobús

el autobús

la calle

el metro

la estación del metro

También necesitas . . .

trabajar	*to work*	enfrente (de)	*facing, opposite, in front (of)*
¿A cuántas cuadras (de ___)?	*How many blocks (from ___)?*	entre	*between, among*
A (cinco) cuadras (de ___).	*(Five) blocks (from ___).*	en + *vehicle*	*by* + vehicle
queda(n)	*is (are) located*	Bueno.	here: *OK, fine, all right*
a la derecha (de)	*to the right (of)*	(Yo) no sé.	*I don't know.*
a la izquierda (de)	*to the left (of)*		
al lado (de)	*next to, beside*		
detrás (de)	*behind*		

¿Y qué quiere decir . . . ?
la comunidad   del

Empecemos a conversar

1 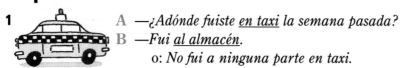   A —*¿Adónde fuiste <u>en taxi</u> la semana pasada?*
B —*Fui <u>al almacén</u>.*
      o: *No fui a ninguna parte en taxi.*

Estudiante A   **Estudiante B**

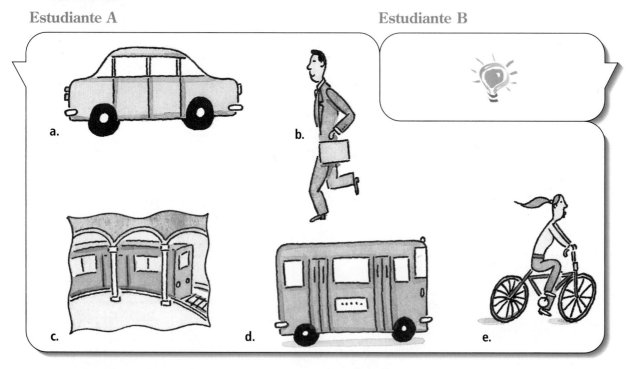

a.   b.   c.   d.   e.

Legend:
- POLANCO
- ZONA ROSA / PINK ZONE
- CENTRO / DOWNTOWN
- SITIOS DE INTERÉS / SITES OF INTEREST
- MUSEOS / MUSEUMS

MAPA CENTRO, ZONA ROSA Y POLANCO

DOWNTOWN, ZONA ROSA AND POLANCO MAP

ZONA CENTRO - SITIOS DE INTERÉS
DOWNTOWN AREA - POINTS OF INTEREST

1. MUSEO DEL PALACIO DE BELLAS ARTES
2. MUSEO DE LA CIUDAD DE MÉXICO
3. MUSEO FRANZ MAYER
4. MUSEO NACIONAL DE ARTE
5. MUSEO NACIONAL DE LA ESTAMPA
6. PINACOTECA VIRREINAL DE SAN DIEGO
7. MUSEO DEL TEMPLO MAYOR
8. ANTIGUO COLEGIO DE SAN ILDEFONSO
9. PALACIO DE ITURBIDE
10. PALACIO DE MINERÍA
11. SECRETARÍA DE EDUCACIÓN PÚBLICA
12. CATEDRAL METROPOLITANA
13. SAGRARIO METROPOLITANO
14. IGLESIA Y PANTEÓN DE SAN FERNANDO
15. TEMPLO DE SANTO DOMINGO
16. PLAZA DE LA CONSTITUCIÓN/ZÓCALO
17. PLAZA DE SANTO DOMINGO
18. ALAMEDA CENTRAL
19. MUSEO NAL. DE ARTES E INDUSTRIAS POPULARES
20. BAZAR DEL CENTRO

2

A —*Perdón, señora (señor/joven/señorita). ¿Dónde queda <u>la estación de policía</u>?*

B —*Está <u>en la avenida Juárez, en la esquina con la calle Rivera.</u>*

Estudiante A   **Estudiante B**

a. b. c.

d. e. f. g.

3

A —*¿Qué hay <u>detrás del zoológico</u>?*

B —*A ver . . . está <u>el museo</u>.*

detrás del

Estudiante A   **Estudiante B**

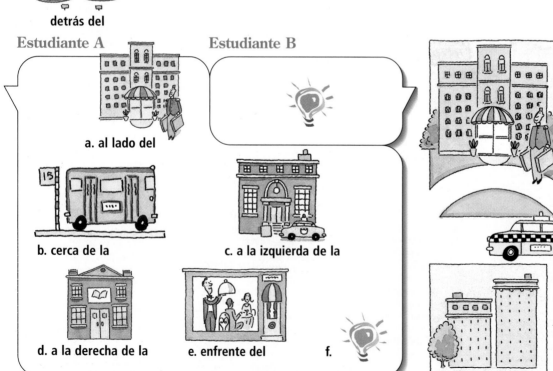

a. al lado del

b. cerca de la   c. a la izquierda de la

d. a la derecha de la   e. enfrente del   f.

AVENIDA DE LA REFORMA

CALLE RIVERA

CALLE DEL SOL

AVENIDA JUÁREZ

Dos jóvenes chilenos
esperando el autobús

El Autobús (1929), Frida Kahlo

Empecemos a leer y a escribir

Responde en español.

1 Read this letter from a girl who is visiting friends out of town. Identify the parts that don't make sense. Then rewrite the letter so that it makes sense.

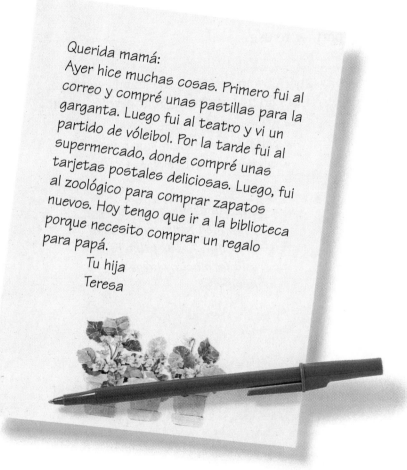

Querida mamá:

Ayer hice muchas cosas. Primero fui al correo y compré unas pastillas para la garganta. Luego fui al teatro y vi un partido de vóleibol. Por la tarde fui al supermercado, donde compré unas tarjetas postales deliciosas. Luego, fui al zoológico para comprar zapatos nuevos. Hoy tengo que ir a la biblioteca porque necesito comprar un regalo para papá.

Tu hija
Teresa

la gasolinera

el subterráneo (el subte)

el bus
el camión
el colectivo
la guagua
el micro
el ómnibus

2 ¿Dónde trabajan tus padres? ¿Trabajan en tu comunidad o en otra comunidad? ¿Y los padres de tu compañero(a)?

3 ¿Dónde queda la estación de policía de tu comunidad? ¿Queda cerca o lejos de tu casa? ¿A cuántas cuadras?

4 ¿Qué hay cerca de tu casa?

Cerca de mi casa hay una plaza con un monumento, una sinagoga, una iglesia, dos bancos, . . .

www.pasoapaso.com

MORE PRACTICE

Practice Workbook 10–3, 10–5

COMUNIQUEMOS

Here's another opportunity for you and your partner to use the vocabulary you've just learned.

1 Tonight is Open House at school and you're working as a guide. With a partner, play the parts of a visiting parent and the student guide.

A — *¿Quién es el (la) profesor(a) de ___?*
B — *Es el señor / la señora ___.*
A — *¿Dónde queda su sala de clases?*
B — *Queda cerca de ___.*
   Es la sala número ___.

2 Tell your partner two errands you have to do this weekend. Your partner might:

• offer a suggestion
• ask if he or she can join you
• tell you his or her plans

For example:

A — *Necesito comprar pastillas y también enviar una carta.*
B — *¿Por qué no vas primero a la farmacia y luego al correo?*

3 Find out two things both you and your partner did yesterday. Choose from the expressions in the list.

A —*¿Enviaste una tarjeta de cumpleaños ayer?*
B —*Sí, le envié una tarjeta de cumpleaños a mi abuela.*
    o: *No, no lo hice.*

sacar un libro de la biblioteca
devolver un libro
enviar una tarjeta de cumpleaños o una carta
comprar algo en el supermercado
ver un partido de ___
hacer la tarea
hacer ejercicio
ver la tele
ir a la (al) ___
ir a pasear
ir de compras
comprar ___

✔ **Ahora lo sabes**

Using what you have learned so far, can you:

- **name places in your community?**

- **tell where you go to do errands?**

- **ask and tell where something is?**

- **explain how a Spanish-speaking community in the United States might differ from an English-speaking one?**

Conexiones

These activities connect Spanish with what you are learning in other subject areas.

 ¡Aló, aló!

In Spanish-speaking neighborhoods in New York City there are many places where people can make long distance calls to their native countries. There are also phone cards with special rates to these countries that can be used from any telephone.

Read the poster advertising the Hello Card. What do you think the rates are based on? Is there a correlation between the distance of the country from New York and the rate? Tell a partner how far it is from New York to the countries on the poster.

La distancia de Nueva York a ___ es de más o menos ___ millas/kilómetros.

With a partner, compare the prices for calls to the Dominican Republic using the Hello Card and R.D. Communications. Which would you use to make a ten-minute call?

Con la tarjeta, la llamada a la República Dominicana cuesta ___ .
Con el servicio R.D. Communications, la llamada cuesta ___ .

For a ten-minute call to the Dominican Republic, which way of calling would be cheaper? How many additional minutes would you need to talk for the price of the more expensive (ten-minute) call to become the cheaper call? With a partner, compare the prices for each call.

¿De dónde son los sellos?

Look carefully at these stamps. What country issued them? What places are shown? Find these places on a map. Then research the connection between the country that issued the stamps and the places shown on them. (You might want to use a Spanish dictionary and an encyclopedia.) In a group, discuss what you find out.

Para pensar

Read the following number sequences to a partner. Then work together to fill in as many of the numbers that follow in the sequence as you can. For a, b, c, and d, go only as far as 1,000.

a. 3, 9, 27, ...

b. 4, 9, 16, ...

c. 3, 5, 9, 17, 33, ...

d. 1, 2, 3, 5, 8, 13, ...

e. 900, 870, 840, ...

f. 3840, 960, 240, ...

With your partner, create a number sequence and give it to another pair to solve.

Gramática en contexto

This is an ad for a new apartment building. Where is it located?
Would you like to live there? Why?

enfrente del océano

MIRAMAR

a pocos metros de la playa

Si le gusta el mar... ¡su lugar es MIRAMAR!

MIRAMAR

Cerca del aeropuerto internacional
y de los mejores restaurantes

Apartamentos de uno, dos y tres dormitorios

Garajes individuales, piscina y gimnasio

¡EN VENTA AHORA!

Administración y ventas: **MIRAMAR**
Avenida Costanera 1721 • Tel.: 555-5895

A Find the words *océano* and *aeropuerto*. With your partner, decide if they are masculine or feminine nouns and if they are singular or plural. What word precedes these nouns? This word is a contraction of two Spanish words. Tell your partner what you think they are.

B Now find the word *playa* in the ad. Is *playa* a masculine or a feminine noun? Is it singular or plural? What two words precede *playa*? Make a rule with a partner about the use of *del* and *de la*.

La preposición *de* + *el*

When we use the preposition *a* + *el*, we form the contraction *al*. In the same way, when we use the preposition *de* with *el*, we form the preposition *del* ("of the," "from the").

Teresa está enfrente **de la** farmacia.

Teresa está enfrente **del** teatro.

1 To answer the question *¿Dónde está la escuela?*, which words listed below would be used with *cerca del* and which with *cerca de la*?

Nuestra escuela está cerca . . .

a. farmacia
b. hotel
c. estación de policía
d. supermercado
e. correo

f. zoológico
g. tienda de regalos
h. cine
i. banco
j. iglesia

El Retiro, Madrid

2 With your partner, play the parts of a tourist who's looking for various places and a helpful police officer. Use the words in the list, and base your answers on the map.

cerca (de)
lejos (de)
a la izquierda (de)
a la derecha (de)
detrás (de)
enfrente (de)
al lado (de)
entre

A —*¿Dónde está el correo? ¿Queda lejos?*
B —*No, no queda lejos. Está al lado del teatro.*
A —*¿A cuántas cuadras de aquí?*
B —*Pues, queda a dos cuadras de aquí.*

CALLE MAYOR

AVENIDA CENTRAL

CALLE CASTILLO

ESTÁS AQUÍ

Perspectiva CULTURAL

Public painting is an important part of many Spanish-speaking communities in the United States. Neighborhood murals often have community themes that reflect the cultures of the artists.

When the Spaniards arrived in the New World, they brought with them the tradition of religious mural painting. The indigenous peoples also decorated the walls of their cities with scenes of everyday life and religious ceremonies. In the early twentieth century, the work of the Mexican muralists Diego Rivera, José Clemente Orozco, and David Alfaro Siqueiros led to a rebirth of the art of mural painting. The colorful murals that decorate the walls of many neighborhoods in the United States are examples of the latest flowering of this ancient art.

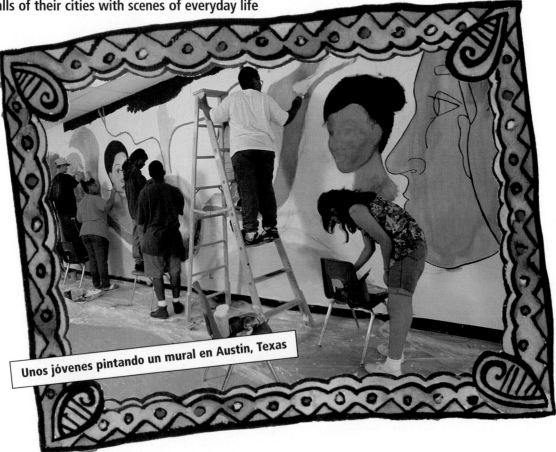

Unos jóvenes pintando un mural en Austin, Texas

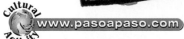
www.pasoapaso.com

La cultura desde tu perspectiva

1 Murals often use symbols to convey a message. What symbols can you find in the Pilsen mural? What do you think their message might be?

2 In your opinion, what makes a decorated wall a mural and not graffiti?

Mural en una calle de Pilsen en Chicago

ramática en contexto

Read this page from the book *El misterio de las ruinas*, the adventures
of two young detectives. Where do they go to solve the mystery?

PARA SOLUCIONAR EL MISTERIO DE LAS RUINAS, TOMI Y TERE TOMARON SU HELICÓPTERO Y, CON SU GRABADORA Y SU CÁMARA, LLEGARON A LAS PIRÁMIDES EN LA SELVA TROPICAL.

LOS DETECTIVES HABLARON ALLÍ CON VARIOS CIENTÍFICOS. TERE SACÓ FOTOS Y TOMI GRABÓ LAS CONVERSACIONES.

DESPUÉS, LOS DOS REGRESARON AL HELICÓPTERO Y FUERON AL LABORATORIO. ALLÍ ESTUDIARON LOS DOCUMENTOS. TOMI EMPEZÓ A ENVIAR UN FAX A LA POLICÍA CON SUS TEORÍAS. ¡PERO ESE FAX NUNCA LLEGÓ! UNA MANO MISTERIOSA . . .

A In the first caption find the verbs that indicate what Tomi and Tere did together. Make a list of the verbs and next to each one write the infinitive it comes from. Find verbs with the same endings in the second and third captions. What verb form do you think has the ending *-aron?*

B In the second caption find the verbs that indicate what Tomi and Tere each did individually. In the third caption, what did Tomi do? What ending do these three verbs have in common? What verb form do you think has the ending *-ó?*

C You know that the forms *fui* and *fuiste* are used to tell where "you" and "I" went. Find another form of this verb in the third caption. Whom do you think this form refers to? Explain to your partner why. Would *fui, fuiste, fuimos,* or *fueron* be used to complete this sentence: *Ayer mis padres y yo ___ al teatro?*

El pretérito de los verbos que terminan en *-ar*

Up to now you have seen verbs in the present tense and a few in the
past tense. This past tense is called the preterite. Here are all of the
forms of *comprar* in the preterite.

(yo)	compr**é**	(nosotros) (nosotras)	compr**amos**
(tú)	compr**aste**	(vosotros) (vosotras)	compr**asteis**
(Ud.) (él) (ella)	compr**ó**	(Uds.) (ellos) (ellas)	compr**aron**

- You know that the verb endings tell who does an action. They also
  tell *when* an action is done (regularly or in the present, in the past,
  or in the future). The endings *-o, -as, -a; -amos, -áis, -an* tell that the
  action takes place regularly. The endings *-é, -aste, -ó; -amos, -asteis,
  -aron* tell that the action took place in the past. For example:

    Generalmente yo compro la ropa en una tienda de descuentos.

    Pero **ayer yo compré** esta camiseta en un almacén.

- Notice the accent marks on the endings *-é* and *-ó*.

- Also notice that the *nosotros* form is the same in the present tense
  and the preterite.

    Generalmente compramos la ropa en una tienda de descuentos.

    Pero **ayer compramos** esta camiseta en un almacén.

1 Using the chart above, tell your partner which of the following
verbs go with the time expression *todos los días* and which go with *la
semana pasada*. Can you tell what the infinitives of these verb forms are?

a. habla
b. deposito
c. compraste
d. habló
e. deposité

f. estudio
g. nadaron
h. compras
i. estudié
j. nadan

- Verbs whose infinitive ends in **-gar**, like *pagar*, *jugar*, and *llegar*, end in **-gué** in the *yo* form of the preterite. For example:

    —¿Cuándo lle**gaste** al cine anoche?

    —Lle**gué** a las siete y media.

- Verbs whose infinitive ends in **-car**, like *buscar*, *tocar*, and *sacar*, end in **-qué** in the *yo* form of the preterite. For example:

    —¿Qué bus**caste** en la tienda ayer?

    —Bus**qué** un suéter rojo.

- Verbs that have a stem change in the present do not have a stem change in the preterite. For example:

    Generalmente el supermercado **cierra** a las diez, pero anoche **cerró** a las ocho.

2 Look at these preterite *yo* forms and tell your partner the infinitive form of the verbs they come from.

a. busqué
b. practiqué
c. llegué
d. pagué
e. toqué
f. jugué
g. saqué

El mural de la Independencia
(1960), Juan O'Gorman

3 Tell your partner which of the following verb forms go with the time expression *anoche* and which go with *los viernes.*

a. piensa
b. cerraste
c. cierro
d. pensaron
e. pensó
f. cierras
g. cerré

4 Basketball practice usually begins at 3:00.
At what time did these players arrive yesterday?

Irene

A —*¿A qué hora llegó Irene al estadio?*
B —*Llegó muy tarde, a las tres y treinta y cinco.*

a. Pilar y Raquel

b. Cristóbal y María

c. tú

d. Mario

e. José

Now tell your partner at what time you arrived at the following places either yesterday or Friday and say if you arrived early or late.

• a la escuela

• a la clase de español

• a casa después de las clases

5 Choose three activities and tell your partner how long ago you did them. Your partner will ask with whom you did the activities.

A —*Hace dos días que practiqué deportes.*
B —*¿Con quién(es) practicaste?*
A —*Con mi amiga Mariana.*
    o: *Lo hice solo(a).*

¡No olvides!

You know how to use *hace* + time expression to say "ago."

6 Choose four people in your class who you think did some of the activities shown in the illustration. On a piece of paper, write the person's name, what you think he or she did, and when. Then find out if you are right. You can use the model below.

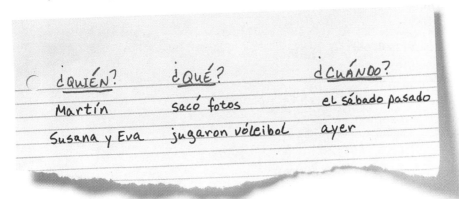

¿QUIÉN?   ¿QUÉ?   ¿CUÁNDO?

Martín   sacó fotos   el sábado pasado

Susana y Eva   jugaron vóleibol   ayer

A —*Martín, ¿sacaste fotos el jueves pasado?*
B —...

7 Now find out whether your partner did these same activities yesterday.

A —*Sacaste fotos ayer, ¿verdad?*
B —*Sí.*
    o: *No, no saqué fotos.*

8 Choose two of those activities and find out if your teacher did them last weekend.

El pretérito del verbo *ir*

You know that we use *fui* and *fuiste* to say that "I went" and "you went" somewhere. They are preterite-tense forms of *ir.* Here are all of the forms of *ir* in the preterite.

(yo)	**fui**	(nosotros) (nosotras)	**fuimos**
(tú)	**fuiste**	(vosotros) (vosotras)	**fuisteis**
(Ud.) (él) (ella)	**fue**	(Uds.) (ellos) (ellas)	**fueron**

- Notice that none of the forms has an accent mark.

9 Using the chart, decide which form of the verb *ir* would be used:

   a. to talk about where your Spanish teacher went
   b. to talk about where all of the teachers went
   c. to talk about where you went
   d. to talk about where you and a friend went
   e. to ask a friend where he or she went

10 Match the questions on the left with the answers on the right.

   a. ¿Con quién fuiste al partido de básquetbol?
   b. ¿Con quién fueron Ana y tú al partido de básquetbol?
   c. ¿Con quién fue Nicolás al partido de básquetbol?
   d. ¿Con quién fueron Jaime y Tomás al partido de básquetbol?

Fuimos con Felipe.
Fue con Gloria.
Fueron con Gregorio.
Fui con mi hermano.

11 Tell your partner where these people went and when. If you know, also tell how they got there.

Martín y Susana fueron al centro comercial ayer en autobús.

a. yo
b. mis amigos y yo
c. mis padres
d. (nombre de dos amigos o amigas)
e. (nombre de un amigo o una amiga)

12 Tell your partner where these people went, when they went, and what they did.

Mis amigos y yo fuimos al parque ayer y jugamos básquetbol.

a. yo
b. mis amigos y yo
c. mis padres
d. (nombre de dos amigos o amigas)
e. (nombre de un amigo o una amiga)

Here are the *-ar* verbs you know:

arreglar	limpiar
ayudar	llamar
bucear	llegar
buscar	llevar
cerrar	nadar
cocinar	necesitar
comprar	pagar
cortar	pasar
depositar	pasear
descansar	patinar
dibujar	pensar
empezar	practicar
enseñar	quitar
enviar	regresar
escuchar	sacar
esquiar	terminar
estudiar	tocar
explorar	tomar
hablar	trabajar
jugar	visitar
lavar	

MORE PRACTICE

Practice Workbook 10–7, 10–9

Calle Florida, Buenos Aires

Here's an opportunity for you to put together what you learned in this chapter with what you learned earlier.

1 ¿Dónde estás?

Look at the map on pages 160–161 and choose a place. Your partner will ask three questions to find out where you are. If your partner cannot guess, say where you are. Then try to guess where your partner is.

A — *¿Estás cerca de la estación de servicio?*
B — *No, estoy bastante lejos de la estación de servicio.*
A — *¿Estás enfrente de . . . ?*

2 ¿Qué hiciste ayer?

Choose five household chores from the list and find out when your partner did them last.

A — *¿Ayudaste en casa ayer?*
B — *Sí, lo hice anoche.*
    o: *No, nunca ayudo en casa.*

¡No olvides!

Here are some expressions you know that refer to the past:

ayer por la mañana/tarde
anoche
la semana pasada
el mes/año pasado

arreglar el cuarto
ayudar en casa
cocinar
comprar comestibles
cortar el césped
hacer la cama

lavar (la ropa/los platos/el coche)
limpiar (el baño/la cocina/
   el sótano/el garaje)
pasar la aspiradora
sacar la basura

Then report to another pair at least one chore that both you and your partner did recently and chores that only one of you did. For example:

Roberto y yo arreglamos el cuarto la semana pasada.
Él cortó el césped el sábado y yo hice la cama ayer.

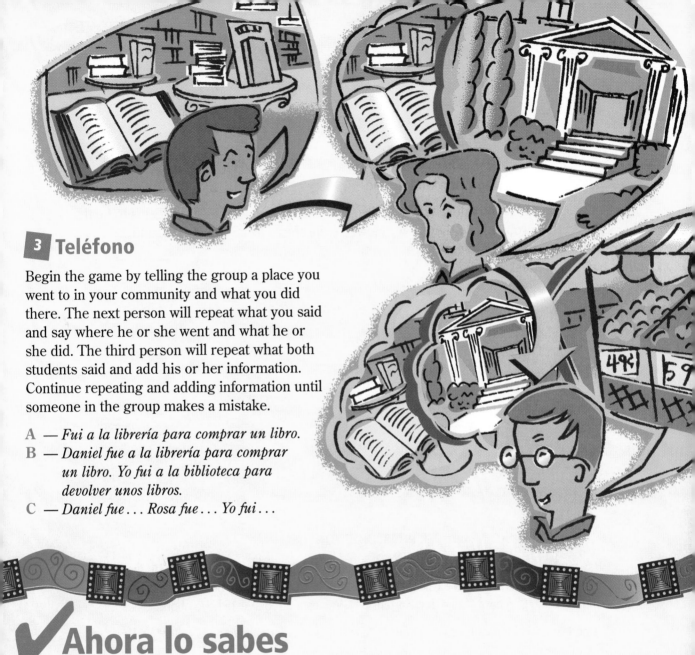

3 Teléfono

Begin the game by telling the group a place you
went to in your community and what you did
there. The next person will repeat what you said
and say where he or she went and what he or
she did. The third person will repeat what both
students said and add his or her information.
Continue repeating and adding information until
someone in the group makes a mistake.

A — *Fui a la librería para comprar un libro.*
B — *Daniel fue a la librería para comprar
    un libro. Yo fui a la biblioteca para
    devolver unos libros.*
C — *Daniel fue... Rosa fue... Yo fui...*

✔ Ahora lo sabes

Using what you have learned so far, can you:

- **indicate where one person or place
  is in relation to another?**

- **tell where you or someone
  else went?**

- **talk about an errand you
  or someone else did?**

¡Vamos a leer!

Antes de leer

STRATEGY ➤ **Using prior knowledge**

Think of a folktale that you know. Who are the characters? What problems do they have? How is it resolved? How are folktales different from other types of stories?

Mira la lectura

STRATEGY ➤ **Skimming**

Skim the reading. What seems to be the problem facing the Tolencianos?

EL PUEBLO DE TONTOS

Hay muchos tontos, ¿no? Bueno, pero en el pueblo de Tolencia todos son tontos. Un día don Hortensio Hortalecio, el alcalde de Tolencia, fue a su oficina y vio un hoyo enorme en la calle. "¿Qué pasa?" dijo don Hortensio. "¡Vamos a arreglar este hoyo ahora!"

Don Hortensio llamó a los tolencianos. "¡Tienen que arreglar el hoyo de la calle!" Y lo arreglaron.

Después de trabajar don Hortensio fue a su casa. ¿Qué vio en la calle? ¡Otro hoyo! Llamó a los tolencianos y ellos arreglaron ese hoyo también.

Un día después don Hortensio salió de casa. ¿Qué vio? ¡Sí! ¡OTRO HOYO! El alcalde llamó a los tolencianos y ellos arreglaron ese hoyo también. "¡Ya estamos cansados de arreglar hoyos!" dijeron. Pero esta cosa de los hoyos ocurría todos los días.

Infórmate

STRATEGIES **Using the dictionary Scanning**

In a dictionary, adjectives and nouns that have masculine and feminine forms are listed under the masculine singular form. Verbs are listed in the infinitive form. Look up these words: *tontos, tierra, alcalde, hoyo, gente, cavaron,* and *llenaron.*

Now read the story thoroughly. How did looking up the words help you?

1 How did the Tolencianos' problem get worse?

2 How was it solved?

3 Do you think the Tolencianos learned from their mistake? Why do you think that?

Aplicación

If you had written this folktale, would your ending have been different? Get together with a partner and write your own ending.

Estaban enfrente de la escuela, a la izquierda del banco, a la derecha de la biblioteca, ¡en todas partes!

¿Cómo arreglaron los tolencianos los hoyos? Fueron un poco lejos del hoyo y cavaron tierra. Cavaron y cavaron . . . ¿y qué hicieron? Hicieron otro hoyo! Luego llevaron la tierra al primer hoyo y lo llenaron con la tierra.

Bueno . . . la gente del otro pueblo, al lado, vio los hoyos y el trabajo tonto de los tolencianos. Una noche esa gente fue a Tolencia y llenó los hoyos con cosas viejas: guitarras, teléfonos, radios y equipos de sonido . . . y un niño pequeño llenó uno con zanahorias y guisantes. ¡Ya no había más hoyos!

Esa mañana don Hortensio Hortalecio salió de su casa. ¡Y no vio hoyos! Todos los tolencianos y él estaban muy contentos.

¡Vamos a escribir!

Many cities in the United States have sister-city relationships with cities in other countries. Each city promotes good will and understanding by offering scholarships and home-stays to young people, exchanging visits by artists and performers, and encouraging visits of ordinary citizens. You are going to write to the mayor of a Spanish-speaking city to suggest a sister-city relationship.

1 In a group, discuss the Spanish-speaking cities you know and why they would make good sister cities or not. Some of the questions to ask are these:

- ¿Qué semejanzas (*similarities*) hay entre las dos ciudades?
- ¿Qué diferencias hay?
- ¿Qué artistas puede enviar tu ciudad a la otra?
- ¿Qué lugares de interés hay en tu ciudad?
- ¿Es fácil o difícil ir a la otra ciudad?

You may want to do some research on both the Spanish-speaking city and your own city before meeting with your group. After you choose a city, brainstorm the ideas that you want to put in the letter.

2 Use your brainstorming notes and what you know about the Spanish-speaking city to write a first draft of your letter. Show your draft to a partner, and ask for suggestions. Then revise your letter.

---

22 febrero (año)

Excelentísimo Sr. Alcalde Don Raúl Ríos del Castillo/
Excelentísima Sra. Alcaldesa Doña Rosa Duarte de San Martín:

La ciudad de ___ se parece mucho a la ciudad suya. Por ejemplo, _____, _____ y _____.

Podemos intercambiar artistas, por ejemplo, _____.

Hay mucho que ver en nuestra ciudad. Los visitantes de su ciudad pueden _____, _____ y _____.

Respetuosamente le saluda,

(tu nombre)

---

3 Copy edit your letter using the following checklist:

- spelling
- capital letters
- punctuation

4 With your teacher's help, send your letter to the mayor of the city you have chosen. You may also want to send a copy to:

- the editor of a newspaper in the city you have chosen
- the editor of a Spanish-language newspaper in your city
- your school newspaper or magazine

You may also want to include your letter in your writing portfolio.

Resumen del vocabulario

color
8 by 11 printer paper

Use the vocabulary from this chapter to help you:

- name various places in your community
- name things you do in your community
- identify different means of transportation

to tell where you go
la avenida
el banco
la biblioteca
la calle
la comunidad
el correo
la cuadra
la esquina
la estación (de policía/de
  servicio/del metro/del tren)
el estadio
la farmacia
el hotel
la iglesia
la librería
la mezquita
el monumento
la parada del autobús
el partido
la plaza
el restaurante
la sinagoga
el supermercado
el teatro
la tienda de regalos
el zoológico

to discuss activities or errands
abrir
cerrar (e → ie)
depositar
devolver (o → ue) un libro
ir a pasear
llegar
sacar un libro

trabajar

to talk about things you buy
¿Me compras _____?
los comestibles
el champú
el jabón
la pasta dentífrica
las pastillas (para la garganta)
el regalo

to refer to money and discuss cost
el dinero: depositar / sacar
doscientos
trescientos
cuatrocientos
quinientos
seiscientos
setecientos
ochocientos
novecientos
mil

to discuss mailing things
la carta
enviar
el sello
la tarjeta de cumpleaños
la tarjeta postal

to ask and give directions
¿A cuántas cuadras (de _____)?
A (cinco) cuadras (de _____).
queda(n)
la policía
del
a la derecha / izquierda (de)

al lado (de)
detrás (de)
enfrente (de)
entre

to identify means of transportation
el autobús
la bicicleta
el metro
el taxi
el tren
a pie
en + *vehicle*

to discuss past activities
devolver: (yo) devolví
         (tú) devolviste
hacer: (yo) hice
       (tú) hiciste
ver: (yo) vi
     (tú) viste

to indicate when something happened
anoche   temprano
ayer   tarde
luego   ya

to say you don't / didn't know something
(Yo) no sé. / (Yo) no lo sabía.

to express a condition
si

to express agreement
Bueno.

Capítulo 11

¿Qué te gustaría ver?

OBJECTIVES
At the end of this chapter, you will be able to:

- talk about TV shows and movies

- tell when events begin and end, and how long they last

- express and defend an opinion about TV shows and movies

- compare and contrast Spanish-language TV shows with the TV shows you usually see

En Madrid

¡Piénsalo bien!

Look at the photos and read the captions.

"En MTV Latino podemos ver a muchos grupos hispanos. Me encanta esta banda de Argentina. Se llama Los Fabulosos Cadillacs."

How do you suppose this group chose its name? If you had a musical group that specialized in Latin music, what would you name it?

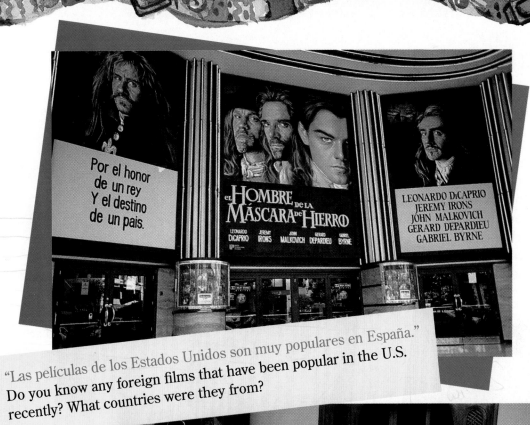

Por el honor
de un rey
Y el destino
de un pais.

EL HOMBRE DE LA MÁSCARA DE HIERRO

LEONARDO DiCAPRIO
JEREMY IRONS
JOHN MALKOVICH
GERARD DEPARDIEU
GABRIEL BYRNE

"Las películas de los Estados Unidos son muy populares en España."
Do you know any foreign films that have been popular in the U.S.
recently? What countries were they from?

"Pero, Javier, . . . ¿qué nos va a pasar?"
These young people in Caracas are watching a *telenovela,* a Spanish-
language soap opera. Can you name any *telenovelas* shown on Spanish-
language television in your community?

www.pasoapaso.com
Cultural Exploration
Visit these countries on-line

¡Piénsalo bien! 191

Vocabulario para conversar

¿Cuál es tu programa favorito?

- As your teacher names the various types of programs, show your partner the appropriate pictures.
- As your teacher names each type of program, make a thumbs up sign if you watched that kind of show last weekend and a thumbs down sign if you didn't.
- As your teacher expresses an opinion about different types of television shows (*Los documentales son interesantes*), say *sí* if you agree and *no* if you don't.

el canal

el programa de detectives

un concierto

el programa musical

la comedia

la actriz   el actor

la telenovela

el programa deportivo

el programa educativo

el anuncio

las noticias

los dibujos animados

el programa de hechos
de la vida real

el programa de entrevistas

el pronóstico del tiempo

el documental

También necesitas . . .

dar* + *movie or TV program*	*to show*	más	here: *more*
la clase (de)	here: *kind (of), type (of)*	el / la / los / las mejor(es)	here: *best*
		el / la / los / las peor(es)	here: *worst*
pensar *(e → ie)* (que)	here: *to think (that)*	aburrir†	*to bore*
		dar miedo a†	*to scare*
demasiado	*too*		
divertido, -a	*amusing, funny*		
emocionante	*exciting, touching*		
tonto, -a	*silly, dumb*		
triste	*sad*		

¿Y qué quiere decir . . . ?

fascinar†	fascinante
interesar†	interesante
aburrido, -a	realista
cómico, -a	

Dar is regular in the present tense except for the *yo* form: *doy, das, da; damos, dais, dan.*

†The verbs *aburrir, dar miedo, fascinar,* and *interesar* are like *gustar* and *encantar.*
We use indirect object pronouns with them: *Me fascinan las películas de terror.*

Empecemos a conversar

Túrnate con un(a) compañero(a) para ser *Estudiante A* y *Estudiante B*.
Reemplacen las palabras subrayadas con palabras representadas
o escritas en los recuadros. 💡 quiere decir que puedes escoger
tu propia respuesta.

1
A —*¿Te gustaría ver <u>un programa educativo</u> esta noche?*
B —*Sí, me gustaría mucho.*
   o: *No, esa clase de programa me aburre.*

Estudiante A   Estudiante B

a.   b.

c.   d.   e.

f.   g.   h.   i.

2 la peor actriz
de televisión

A —¿*Quién es la peor actriz de televisión*?

B —*Para mí, (nombre) es la peor. Es tonta*.

Estudiante A   Estudiante B

a. la mejor actriz de televisión   e. la peor actriz de cine

b. el peor actor de televisión   f. el mejor actor de cine

c. el mejor actor de televisión   g. el peor actor de cine

d. la mejor actriz de cine

3

A —¿*Qué piensas? ¿Deben dar más o menos
telenovelas*?

B —*Deben dar menos. Son aburridas. (No me
interesan nada.)*

   o: *Deben dar más. Son divertidas. (Me
fascinan.)*

Estudiante A   Estudiante B

Empecemos a leer y a escribir

Responde en español.

1 Lee estas descripciones de los programas de hoy. ¿A qué tipo de programa corresponde cada una?

- telenovela
- comedia
- programa musical
- programa educativo
- programa de entrevistas

a. **"Tigres en casa"**
Los gatos son de la familia de los tigres. También son miembros de nuestras familias. ¿Qué piensan ellos de nosotros?

b. **"Siempre contigo"**
La guitarra romántica de José Manuel, el ídolo de millones, en su primer concierto para la tele.

c. **"Tortillas y romance"**
Las aventuras de una familia mexicana que va a una comunidad pequeña de Idaho para abrir una tortillería.

d. **"Días de emoción"**
Una mujer bonita y trabajadora. Un hombre guapo pero perezoso. Ella quiere ser dentista. El no trabaja ni ayuda en casa. ¿Qué deben hacer?

e. **"Rebeca Bocagrande"**
En el programa de hoy, Rebeca habla con tres madres y sus hijos que ya no quieren vivir en casa.

Univisión Despierta Su Apetito Con Un Programa Que Cae Bien.

Igual que una buena sopa, "Al Mediodía" es el nuevo programa de televisión que cae bien a la hora de almuerzo.
María Antonieta Collins y Mauricio Zeilic con Cristina Aceves y Ambrosio Hernández les traen lo mejor en noticias locales e internacionales, lo último en medicina y salud, entrevistas con sus artistas favoritos, segmentos de viajes, moda, cocina y mucho más.
"Al Mediodía" contiene todos los ingredientes para convertirse en su programa favorito.

Lunes a viernes 12 pm/11 am Centro.

✚ Univisión

MORE PRACTICE

www.pasoapaso.com

- Practice Workbook 11–1, 11–2

2 ¿Ves la televisión después de la escuela? ¿Qué programas de televisión te interesan más? ¿Por qué?

3 ¿Te interesan las noticias o te aburren? ¿Y los dibujos animados? ¿Y las telenovelas? ¿Por qué?

4 ¿Cuál es tu programa favorito? ¿A qué hora empieza? ¿Qué día de la semana lo dan? ¿En qué canal?

5 ¿Crees que deben dar más o menos programas de hechos de la vida real en la tele? ¿Más o menos programas de entrevistas? ¿Por qué?

También se dice

el / la artista

el programa policial
el programa policíaco
el programa de misterio

el comercial
la propaganda

el noticiero
el informativo

A partir de este domingo...

DESDE PALMA CON AMOR

Se lleva la palma

Desde la isla de Mallorca llega todo el color del verano: «Desde Palma con amor». Un programa que se lleva la palma... En humor: con Pepe Viyuela. En amor: con el juego «Vivan los novios», con la madrina Arancha y las Chicas Corazón. En música: con los mejores ritmos del verano. Y en caras famosas: presentado por Norma Duval y Andoni Ferreño. Cada domingo a las 22 h. Enchúfate a TELECINCO con EL TELEVERANO y prepárate a vivir un verano espectacular.

21.30	ENREDOS DE FAMILIA
22.00	
22.30	DESDE PALMA
23.00	CON AMOR
23.30	
24.00	ENTRE HOY Y MAÑANA

TODOS LOS DOMINGOS A LAS 22.00 H.

TELE **5** El Televerano
Enchúfate

Perspectiva CULTURAL

En estos canales dan programas divertidos. ¿Qué clases de programas son más populares en Hispanoamérica? ¿Son como los que ven tus amigos y tú?

Imagine that you're an exchange student living in Caracas, Venezuela. You're staying with a family that has two children: Jaime, who is thirteen, and Mariana, sixteen. On your first night there, you sit down with them to watch television and . . . surprise! Superman pops up speaking perfect Spanish! What you're watching is the dubbed version of a U.S. TV series.

Although Jaime and Mariana can also watch other dubbed imports from the United States, those programs are the exception. Venezuela has one of the largest television industries in Latin America. It produces soap operas, documentaries, music videos, and children's shows that are shown throughout the Spanish-speaking world.

Hispanic teenagers rarely have their own TV set, even if the family can afford it. So at night, Jaime and Mariana sit down with the rest of the family to watch TV in the living room. They often tune in to one of several *culebras*. The word means "snakes," which is how Venezuelans jokingly refer to their soap operas, because they're long and winding. Venezuela, Mexico, Argentina, and Spain produce many popular soap operas. They usually last only a few months. Then new shows, with new characters and plots, begin.

La cultura desde tu perspectiva

1 Watching TV in Spanish might help you learn the language. What else might you learn from it?

2 What might the television-watching customs of a country tell you about its culture?

www.pasoapaso.com

Vocabulario para conversar

At Home VIDEO Chapter 11 Vocabulary

¿Quién es la mejor actriz de cine?

- As your teacher names the various types of movies, show your partner the appropriate pictures.
- As your teacher reads the names of the different kind of movies, say *sí* if it's a good type of movie to take a young child to and *no* if it isn't.
- As your teacher reads the different types of movies, give a one-word description to your partner *(las películas de ciencia ficción: aburridas)*.

una película romántica

una película de ciencia ficción

una película de terror

una película del oeste

una película de aventuras

una película musical

También necesitas . . .

en punto	*sharp, on the dot*	un poco	*a little*
de la mañana	*in the morning, A.M.*	largo, -a	here: *long* (duration)
de la tarde	*in the afternoon, early evening; P.M.*	corto, -a	here: *short* (duration)
		más tarde	*later*
de la noche	*in the evening, at night; P.M.*	más temprano	*earlier*
		sobre	*about*
la medianoche	*midnight*	por eso	*that's why, therefore*
a medianoche	*at midnight*		
el mediodía	*noon*		
al mediodía	*at noon*		
casi	*almost*		
durar	*to last*		
hasta	*until*		
el tiempo	here: *time*		

¿Y qué quiere decir . . . ?

en blanco y negro	el minuto
en colores	puntualmente
media hora	todavía no

Empecemos a conversar

1

A —¿Qué piensas sobre las películas *de aventuras*?
B —Pienso que son *interesantes y divertidas*. Por
eso *me gustan*.

Estudiante A

Estudiante B

a.   b.   c.   d.

2

A —¿Hoy dan *una película de ciencia ficción*
en el cine?
B —Sí, pero empezó a *las ocho* y ya son casi
las ocho y media.

¡No olvides!

You know the word
empezar. It is an *e →ie*
verb.

Estudiante A

Estudiante B

a.   b.

c.   d.   e.

a.   b.

c.   d.   e.

3

A —¿*Va a ser largo el programa deportivo?*

B —*Sí. Dura dos horas y media.*

o: *No, es corto. Dura . . .*

Estudiante A

a. AQUÍ EN ALASKA

b. MISTERIO SIN SOLUCIÓN

c. JULIO EN CONCIERTO

d. NUESTROS AMIGOS LOS DELFINES

e.

Estudiante B

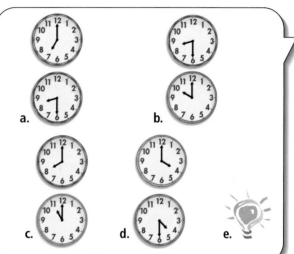

a.

b.

c.

d.

e.

CINE
03.30 Despe... y cierre

23.40
ESPECIAL CONCHA MÁRQUEZ PIQUER

Programa especial dedicado a Concha Márquez Piquer, en el que la tonadillera interpreta las canciones más conocidas de su madre, la fallecida doña Concha Piquer.

...ículas
...ida y cierre

18.00
INFANTIL **Los Simpson**

En esta ocasión, Lisa y Bart están muy contentos, ya que van a pasar sus vacaciones en el campamento de Krusty, el payaso. Sus ilusiones desaparecen, cuando llegan a su destino y surgen diversos problemas.

05.55 Nove...

21.05
INFORMATIVO **VEREDICTO**

El ex magistrado Diego Rosas Hidalgo colabora en este programa, presentado por Ana Rosa Quintana, que resuelve pleitos civiles o mercantiles por el método legal del arbitraje.

Teléfono Rojo de últimos cambios ☎ 906-310310

Precio llamada: 70,3 ptas. minuto. Noches y festivos: 50,3 ptas. IVA incluido. El coste de la llamada a los servicios 906 incluye el precio de la información o, entretenimiento que usted recibe. Beneficiese de las tarifas nocturnas y de días festivos. Servicios telefónicos de Audiotex. Apdo. de correos 49120. 28080 Madrid.

48

Empecemos a leer y a escribir

Responde en español.

1 La tía Isabel escribe una columna para jóvenes. Lee esta carta que le envió una joven.

Tía Isabel

Querida tía Isabel

Querida tía Isabel: No sé qué hacer. A mí me encantan las películas de aventuras. Me gusta imaginar que yo estoy en la película. Así puedo ir a lugares muy lejos de aquí y subir pirámides, explorar la selva y ver muchas cosas nuevas. Pero a mis amigas les gustan sólo las películas románticas. ¡Qué asco! A mí me aburren. Si quiero ir al cine con ellas, siempre tengo que ver esas películas absurdas. ¿Qué hago?

"Esperanza" de Barranquilla, Colombia

Escribe una respuesta a "Esperanza." Puedes usar estas frases u otras.

- Pueden ver otro tipo de película, por ejemplo, ...
- Pueden hacer otras actividades. ¿Por qué no ...?
- Puedes ir con otras personas. ¿Por qué no invitas a ...?

MORE PRACTICE

Practice Workbook 11–3, 11–4

www.pasoapaso.com

2 ¿Qué clases de películas te interesan más? ¿Por qué? ¿Cómo se llama tu película favorita? ¿Por qué te gusta esa película?

3 Hace muchos años, todas las películas eran en blanco y negro. ¿Te gustaría ver una película nueva en blanco y negro? ¿Por qué?

4 ¿Cuál es tu programa de tele favorito? ¿Cuánto tiempo dura? ¿Lo dan tarde o temprano? ¿De qué hora hasta qué hora?

También se dice

una película de vaqueros

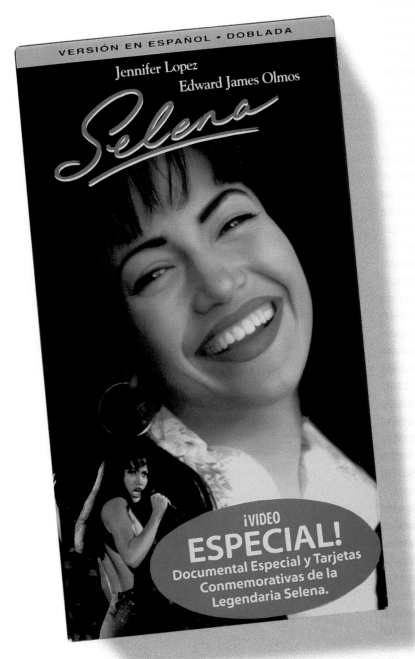

Selena presenta la vida de la muy popular cantante de música tejana, Selena Quintanilla (1971–1995).

COMUNIQUEMOS

Aquí hay otra oportunidad para usar el vocabulario de este capítulo.

1 Habla con tu compañero(a) de cuánto duran ciertas actividades de tu escuela.

A —*¿Cuánto tiempo dura un partido de básquetbol en nuestra escuela?*

B —*Dura casi dos horas. De las cuatro a las cinco y cincuenta. Son muy largos. Juegan bien.*

un concierto musical (del coro, de la banda, de la orquesta)
una asamblea
un partido de (vóleibol, fútbol, básquetbol)
el almuerzo
la clase de ___

2 Te gustaría ir al cine este sábado. Con un(a) compañero(a) habla de:

- qué película van a ver
- dónde está el cine
- cómo van a ir al cine
- a qué hora empieza la película
- cuánto tiempo dura la película
- qué van a hacer después
- cómo van a regresar

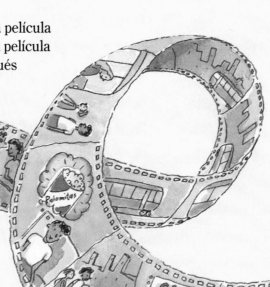

3 En una hoja de papel, escribe una descripción corta de tu actor o actriz favorito(a). En tu descripción, responde a estas preguntas:

- ¿Es alto(a) o bajo(a)?
- ¿Es joven o viejo(a)? ¿Cuántos años tiene?
- ¿En qué películas lo (la) viste?
- ¿En qué programa de televisión lo (la) ves?
- ¿Tiene pelo castaño, rubio o es pelirrojo(a)?
- ¿Es serio(a) o gracioso(a)?
- ¿De dónde es?
- ¿Qué le gusta hacer?

En grupos de cuatro, cada estudiante debe leer su descripción. El resto del grupo debe adivinar *(guess)* quién es el actor o la actriz.

✓ Ahora lo sabes

Using what you have learned so far can you:

- **tell what kinds of television programs and movies you are interested in?**

- **say why you like or dislike certain programs or movies?**

- **tell how long something lasts?**

Conexiones

Estas actividades sirven de unión entre el español y las otras materias que estudias.

  ## ¿Cuándo ocurrió?

Read the following important events in the history of television. Work with a partner to decide the order they occurred in. Then copy the timeline and assign each event to one of the following years. Mark these years on the timeline.

1925   1929   1936   1962   1965

c. Se lanzó un segundo satélite, el Early Bird.

a. Se proyectó el primer programa de televisión al público.

d. AT&T lanzó Telstar, el primer satélite de comunicaciones para transmitir señales de teléfono y de televisión.

b. Vladimir Zworykin, un inmigrante ruso *(Russian)*, inventó el televisor electrónico en los Estados Unidos.

e. John Baird, un inglés, transmitió la primera imagen de televisión.

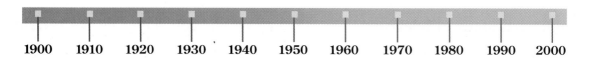

1900   1910   1920   1930   1940   1950   1960   1970   1980   1990   2000

Be prepared to report to the class when each event occurred.

 ## Para pensar

The color images you see on TV are the result of *additive mixing* of light sources. In additive mixing, the primary colors are red, green, and blue. The secondary colors are cyan (a kind of blue), magenta, and yellow. Compare these to the primary and secondary colors you learned in art class.

Secondary colors are made by mixing two primary colors of equal brightness. To the right is a logic puzzle. Use the chart and the clues to figure out which primary colors combine to produce the secondary colors on your TV screen.

	rojo	verde	azul
cianía =			
magenta =			
amarillo =			

- Para producir amarillo se necesita verde.
- Para producir magenta se necesita azul.
- Se necesita rojo para producir todos menos el cianía.

 ## ¡Cuidado con el televisor!

This is an article about the relationship between cholesterol level and watching TV. Which of these ideas do you think might appear in the article? Write the letters on a sheet of paper.

a. Los jóvenes que ven mucha televisión tienen un nivel de colesterol más alto que los que no ven mucha televisión.

b. Los jóvenes que ven mucha televisión generalmente no practican deportes.

c. No hay ninguna relación entre el nivel de colesterol de una persona y el tiempo que ve la televisión.

d. Un alto nivel de colesterol es bueno.

Read the article and check off the ideas on your list that appeared.

WASHINGTON, (EFE).—Los niños que ven de dos a cuatro horas diarias de televisión tienen mayor riesgo de acumular altos índices de colesterol que aquéllos que se sientan frente a la pequeña pantalla menos de dos horas, según un estudio.

Una investigación dirigida por expertos de las universidades de California y Loma Linda entre 550 varones y 531 hembras, de dos a 20 años, encontró una mayor concentración de colesterol entre los que se sientan más horas frente al televisor.

El 53 por ciento de los niños y jóvenes observados entre los que veían más de dos horas la TV registró niveles de más de 200 miligramos de colesterol por cada decilitro.

El mismo estudio determinó que aquéllos que son propensos a sentarse por más tiempo frente al aparato de televisión tienen poca predisposición para participar en las actividades deportivas.

Gramática en contexto

Look at this ad for a new branch of a popular restaurant. What are the restaurant's specialties?

A In the second part of the ad, chicken served in a restaurant is compared to chicken prepared at home. According to the customers' children, which is tastier? What words are used to make the comparison? Now find a comparison in the third part. What is being compared? What words do the two comparisons have in common?

B Look at the first sentence in the ad. What phrase describes the restaurant? What word in this phrase was also used in the comparisons you found in A? What word follows *famoso*? How is this different from the comparisons you found in A? What do you think this phrase means?

C In the sentence *Lo quieren comer todos los días,* what do you think *lo* refers to? Does *lo* come before or after the main verb? In the last sentence of the ad, *Tiene que verlo para creerlo,* what word refers to fish? Where is it placed? The word *lo* is a direct object. You have seen that there are two places where it can go in a sentence. With a partner, write a sentence that tells where an object pronoun can go.

RESTAURANTE OTERO

El restaurante más famoso de la ciudad ahora también está en su barrio.

Gran inauguración:
**Sábado
15 de mayo**

"Nuestros hijos piensan que el pollo al horno del restaurante Otero es más sabroso que el que hacemos en casa. ¡Lo quieren comer todos los días!

Y el pescado es más delicioso y más barato que el de otros restaurantes. ¡Tiene que verlo para creerlo!"

Sra. Lupe López
203 E. Lincoln

Los comparativos

You have already learned to use *más* and *menos* in certain expressions.

> Me gustan los programas deportivos pero **me gustan más** los programas musicales.
>
> ¿Te gustan las telenovelas? Sí, **más o menos**.

- We also use *más* + adjective + *que* ("than") and *menos* + adjective + *que* to make comparisons. The adjectives agree with the nouns they refer to.

> Los dibujos animados son **más tontos que** las comedias.
>
> Esta telenovela es **menos divertida que** la otra.

- The adjectives *bueno, -a* and *malo, -a* have irregular comparative forms:

ADJETIVO	COMPARATIVO
bueno, -a	**mejor (que)**
malo, -a	**peor (que)**

- You already know the expression *el/la hermano(a) mayor/menor*. When we compare people, *mayor* and *menor* always refer to age (older and younger). To refer to size (bigger and smaller), we use *más grande* and *más pequeño*.

> Alberto es **mayor** que Juan, pero Juan es **más grande**.

- *Mejor, peor, mayor,* and *menor* have plural forms ending in *-es*. However, they don't have a different feminine form.

> **Las hermanas** de Roberto son **menores** que las de Víctor.

- *Mejor* ("better") is also the comparative form of *bien* ("well"), and *peor* ("worse") is also the comparative form of *mal* ("badly"). When referring to verbs, *mejor* and *peor* have only one form.

> Esteban y Sara **son mejores** que David y Lupe en tenis. (We are comparing *Esteban y Sara* to *David y Lupe* as players.)
>
> *but:* Esteban y Sara **juegan mejor** que David y Lupe. (We are referring to how they play.)

ALGO GRANDE ESTÁ A PUNTO DE ENTRAR EN TU CASA

EL MAYOR ESPECTÁCULO DE STEVEN SPIELBERG

LA PELÍCULA CON MAYOR RECAUDACIÓN DE 1997

EL MUNDO PERDIDO
JURASSIC PARK

¡YA A LA VENTA EN VÍDEO!

1 On a sheet of paper write V *(verdadero)* or F *(falso)* for each sentence.

a. Una nota de B es mejor que una nota de A.

b. Dormir ocho horas es peor para los jóvenes que dormir seis horas.

c. Las papas fritas son peores para la salud que las ensaladas.

d. Jugar videojuegos es mejor para la salud que practicar deportes.

e. Generalmente, los estudiantes de octavo grado son mayores que los de séptimo grado.

2 Túrnate con un(a) compañero(a) para comparar estos programas y películas. Usa estos adjetivos.

aburrido, -a	interesante
cómico, -a	realista
divertido, -a	triste
emocionante	

Los dibujos animados son más divertidos que las noticias.

o: *Las noticias son menos divertidas que los dibujos animados.*

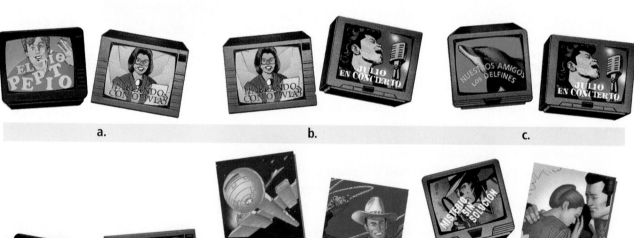

a.   b.   c.

d.   e.   f.

3 Haz una lista de tus actores y atletas favoritos. Túrnate con un(a) compañero(a) para comparar las personas de tu lista.

A —*Michael Jordan juega básquetbol mejor que Rebecca Lobo.*
B —*Pienso que sí.*
   o: *¡No lo creo!*
   (No) Estoy de acuerdo.
   ¡Tienes unas ideas muy cómicas (interesantes)!

4 Con un(a) compañero(a), compara la edad de estas personas y personajes.

A —*¿Crees que Donald Duck es mayor que Mickey Mouse?*
B —*Creo que Donald Duck es menor.*
   o: *Creo que Mickey Mouse es mayor.*

a. Batman y Robin
b. Superman y Lois Lane
c. Seinfeld y Roseanne
d. Bert y Ernie
e.

5 Con un(a) compañero(a), usa unos adjetivos de la lista para comparar las personas y personajes del Ejercicio 4.

alto, -a	bonito, -a	inteligente	perezoso, -a
amable	deportista	ordenado, -a	simpático, -a
atrevido, -a	guapo, -a	pequeño, -a	trabajador, -a

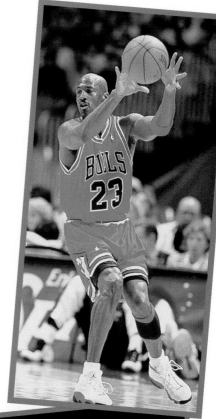

Los superlativos

- To say that someone or something is "the most" of a group, we use the definite article + (noun) + *más* + adjective.

  Para mí, *Los tres perezosos* es **el programa más divertido**.

- To say that someone or something is "the best" or "the worst," we use *el / la mejor* and *el / la peor*. These come before the noun.

  Pienso que Tom Hanks es **el mejor actor**.

- When we say that someone or something is "the most," "the best," or "the worst" in a group or category, we use *de* to refer to that group or category.

  Para mí, *Un día de terror* es **la peor película de todas**.
  Mis amigos los perros es **el programa más divertido de la televisión**.

6 Copy the scale. Then write each phrase next to the appropriate point on the scale.

fácil
el más difícil
difícil
más fácil
más difícil
el más fácil

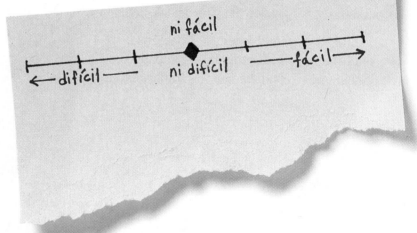

7 Con un(a) compañero(a), contesta las preguntas.

emocionante

A —*¿Cuál es el programa más emocionante de la tele?*
B —*El programa más emocionante es . . .*

a. divertido   c. interesante   e. 💡
b. aburrido   d. tonto

8 En grupos de cinco o seis, hagan una encuesta para averiguar cuál es el/la mejor y el/la peor de estas categorías y por qué. Luego, escriban los resultados de la encuesta.

anuncio de televisión

A —*Para ti, ¿cuál es el mejor/peor anuncio de televisión?*
B —*Para mí, el mejor anuncio de televisión es... porque...*

a. programa de televisión
b. mes del año
c. grupo musical
d. película del año
e. tienda de la ciudad
f.

Ahora, informa a la clase sobre los resultados de la encuesta.

Tres personas creen que... es el mejor anuncio de televisión porque... Cuatro estudiantes creen que... es el peor anuncio de televisión porque...

El complemento directo:
Los pronombres y el infinitivo

You know that we use direct object pronouns (*lo, la, los, las*) to avoid repeating a noun.

> ¿Dan **programas en español** en esta ciudad?
> Sí, **los** dan en el canal 44.

- When we use direct object pronouns with infinitives, we can either put them before the main verb or attach them to the end of the infinitive.

> —¿Vas a ver **las noticias**?
> —Sí, **las** voy a ver.
> *o:* Sí, voy a ver**las**.

9 Match each phrase on the right with two sentences on the left. (Note: Two sentences will be left over.)

a. Puedo comprarlos.   mis amigos
b. Lo voy a ver.   estos zapatos
c. Debo visitarlos.   mi tarea
d. La necesito hacer.
e. Pienso verlo.
f. Los voy a comprar.
g. Los quiero visitar.
h. Tengo que hacerla.

10 Escribe los nombres de cinco películas o programas de televisión y de qué clase es cada una de ellas. Después, pregunta a otros(as) compañeros(as) si quieren verlas y por qué.

A —*¿Quieres ver la comedia (nombre)?*
B —*Sí, me gustaría verla.*
   o: No, no quiero verla.
A —*¿Por qué?*
B —*Porque me encantan las comedias.*
   o: Porque a mí me aburren las comedias.

11 ¿Qué quehaceres hace tu compañero(a) en casa?

A —¿Tienes que limpiar el baño?

B —Sí, tengo que limpiarlo.
o: No, no tengo que limpiarlo.

MORE PRACTICE

Practice Workbook 11–5, 11–7

Perspectiva CULTURAL

Spanish-language weekend variety shows generally last several hours. Venezuela's *Super Sábado Sensacional* features performers from all over the world, combining entertainment with mini-interviews. *Super Sábado Sensacional* competes with similar shows from other countries that are also shown in Venezuela, such as Mexico's *Siempre en Domingo* and *Sábado Gigante*, which is produced by a Spanish-language station in Miami. Here is an interview with Mario Kreutzberger, known as Don Francisco, the host of *Sábado Gigante*.

Q: Don Francisco, you were born in Talca, Chile, the son of German-Jewish immigrants. You have hosted the number-one Spanish-language TV program for over a quarter century. How did you get started in television?

A: Well, my preparation to be a talk show host really began when I was a young boy growing up in Talca. I was always very curious about what other people's lives were like, and you could usually find me asking the bus driver or the ice-cream man questions. Since my mother was an opera singer, she gave me lessons in singing and acting.

Q: Did your father share this interest in the theater?

A: No, my father was a tailor who wanted me to follow in his footsteps. He sent me to New York to pursue an apprenticeship in the garment industry. It was during my stay in New York that I watched television for the very first time. I was mesmerized. I actually learned English through the many hours I spent in front of the TV.

Q: So how did you end up in TV?

A: I returned to Chile with a degree in fashion design. Going into my father's trade was very important to him. At the same time, my former acting teacher was promoting me as a host on Chilean television. My break came when I was asked to host the *Show Dominical*, or "The Sunday Show." So as not to disappoint my father, I continued working in the garment industry until *Show Dominical* moved to Saturday and *Sábado Gigante* was born.

Q: Your show is recognized as the longest-running Spanish-language television show in the world.

A: Yes, and after 23 years, it was time to offer the show in the United States. *Sábado Gigante* premiered on Univisión from Miami in 1986. Soon we occupied the number-one spot for Spanish-language TV in the United States. Today we reach over 80 million viewers in Latin America, the United States, and Europe.

Q: Because of your long-standing commitment to children's causes, in 1994 you were appointed a UNICEF special representative. What are your plans for the future?

A: I hope to continue entertaining and enriching the lives of my viewers and, in my role as a UNICEF special representative, communicating the needs of children to audiences around the world.

La cultura desde tu perspectiva

1   List three adjectives that apply to Don Francisco. Explain to a partner why you chose them.

2   Look at the photographs taken on the set of *Sábado Gigante*. Write down three things about them that impress you, and share them with the class.

3   If you can, watch a half hour of *Sábado Gigante* or another Spanish-language show like it. Write down three things about it that impress you, and share them with the class.

www.pasoapaso.com

Cultural Activity

Perspectiva cultural   219

Gramática en contexto

Los domingos van a ser muy divertidos.

Gatos que nadan...

Accidentes en la cocina...

Camareros impacientes...

Los videos más tontos del mundo

"Nosotros los vimos y son muy graciosos. A ustedes también les van a encantar."

Este domingo a las ocho en el canal 13

A You know that we use *vi* and *viste* to talk about things we saw. Look for another form of *ver* in the preterite in the ad. What do you think the subject might be? Why? What do you think the *Uds./ellos/ellas* form might be?

B You already know how to use *me, te,* and *le* with the verb *encantar*. Look for a similar expression in the ad. How is it different from the expressions you know? Who will love the videos?

El pretérito del verbo *ver*

We use *vi* and *viste* to talk about things that we saw. Here are all of the preterite-tense forms of *ver*.

(yo)	**vi**	(nosotros) (nosotras)	**vimos**
(tú)	**viste**	(vosotros) (vosotras)	**visteis**
(Ud.) (él) (ella)	**vio**	(Uds.) (ellos) (ellas)	**vieron**

1 Using the chart above, decide which form of the verb *ver* would be used:

  a. to talk about what one person saw
  b. to talk about what more than one person saw
  c. to talk about what you saw
  d. to talk about what you and a friend saw
  e. to ask a friend what he or she saw

2 Which of the following forms of *ver* are in the preterite tense?

  a. vimos
  b. ven
  c. vemos
  d. vieron
  e. vio

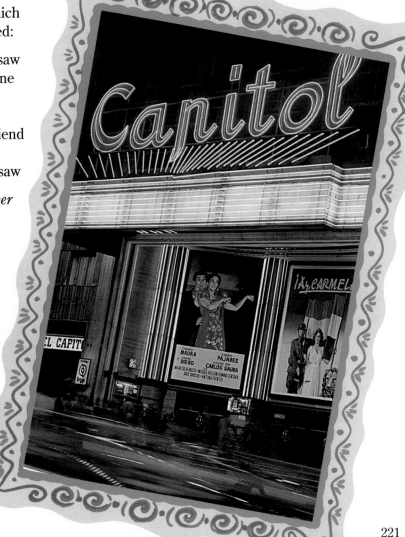

En Madrid y en otras ciudades españolas, todavía hay muchos cines viejos bonitos.

3 En grupos de cuatro, pregunta quiénes vieron uno de estas clases de programas anoche. Después deben decir a la clase quiénes los vieron.

A —*¿Viste un documental anoche?*

B —*No. No vi un documental anoche.*
   o: *Sí, vi uno.*

   Nadie vio un documental anoche.
   o: *(Nombre/nombres/nombre y yo) vio/vieron/vimos un documental anoche.*

Un cine en Caracas, Venezuela

4 Habla de una película con un(a) compañero(a). Para empezar puedes decir el nombre de la película y cuándo la viste.

A —*Vi (nombre) la semana pasada.*

B —*¿Dónde la viste?*

A —*La vi en mi casa.*
   o: *La vi en el cine Rex.*

B —*¿Con quién fuiste?*

A —*...*

El complemento indirecto:
Los pronombres *nos* y *les*

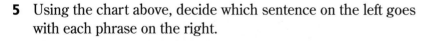

We use indirect object pronouns with these verbs that you know:

aburrir	fascinar
dar miedo	gustar
doler	interesar
encantar	

> —¿**Te gustan** las películas de terror?
> —No, pero a mis amigos **les fascinan**.

Here are all of the indirect object pronouns.

¡No olvides!

Sometimes we use *a* + noun or name to clarify who the indirect object pronoun refers to.

A mis padres les encantan los programas musicales.

me	*(to / for) me*	**nos**	*(to / for) us*
te	*(to / for) you*	**os***	*(to / for) you*
le	*(to / for) you* *him* *her* *it*	**les**	*(to / for) you* *them*

5 Using the chart above, decide which sentence on the left goes with each phrase on the right.

a. Me gustan las películas de ciencia ficción.	a mi tía
b. Les gustan las películas de terror.	a mis amigos y a mí
c. Te gustan las películas de aventuras.	a mí
d. Nos gustan las películas musicales.	a mis amigos
e. Le gustan las películas románticas.	a ti

*The pronoun *os* is used mainly in Spain. You should learn to recognize it.

6 Pregunta a unos compañeros qué clases de programas de televisión les gustan. Después debes decir a la clase qué programas les gustan (o no) a tus compañeros y a ti.

A — *¿Te gustan los dibujos animados?*
B — *Sí, me fascinan.*
    o: *No. No me interesan (nada).*

    A (nombre/nombres) le/les fascinan los dibujos animados.
    o: *A (nombre y a mí) no nos interesan los dibujos animados.*

7 ¿Qué piensan estas personas de varias clases de películas? Diles a tus compañeros de grupo.

MORE PRACTICE

Practice Workbook 11–8, 11–10

A mi amigo Pablo no le gustan nada las películas del oeste. Piensa que son aburridas.

a. (nombre de un amigo)
b. (nombre de dos compañeras)
c. tu profesor(a) de español
d. tu compañero(a) y tú
e. tus padres
f. tú
g.

TODO JUNTO

Esta sección te ofrece la oportunidad de aumentar tus conocimientos de español al integrar lo que aprendiste en este capítulo con lo que aprendiste en capítulos anteriores.

1 ## Un programa favorito

¿Qué programas de televisión te interesan más? Discute (*discuss*) con tu compañero(a):

- qué clase de programa de televisión les gusta y por qué
- cuál es el mejor programa de esta clase
- cuándo lo ven
- en qué canal

Digan (*tell*) al grupo:

> *A nosotros nos gustan los programas . . . porque son . . . ___ es el mejor programa . . . Lo vemos . . .*

2 La mejor película del año

Vamos a dar nuestros premios Óscar. Primero, Uds. deben hablar de las películas que vieron el año pasado. Después formen un grupo para cada categoría:

- la mejor actriz
- el mejor actor
- la mejor película

Nombren a cuatro candidatos por grupo y voten para seleccionar el/la mejor. En la discusión pueden usar estas frases u otras:

Creo que... porque...
Prefiero... porque...
Pienso que... porque...

3 ¡Vamos al cine!

Con un(a) compañero(a) prepara un cartel para anunciar una película. Usa dibujos o fotos. Indica el nombre de la película y de los actores principales. Escribe frases para describir la película. Haz una corta presentación en clase.

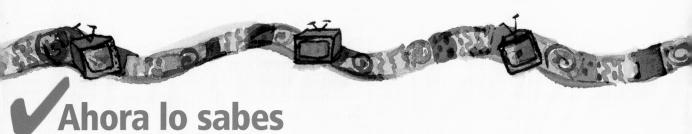

✔ Ahora lo sabes

Using what you have learned so far, can you:

- **compare people and things?**
- **tell what is the best or worst in a group or a category?**
- **tell what you and others saw?**
- **tell what you and others are interested in?**

¡Vamos a leer!

www.pasoapaso.com

Antes de leer

STRATEGY ➤ **Using prior knowledge**

What kind of information do movie and video listings provide? Copy this list and work with a partner to add as many items as you can.

• subject
• cast
• length

Scan the listings below to see how many of the items on your list you can find. On your list, circle the ones you find.

Mira la lectura

STRATEGIES ➤ **Skimming**
Scanning

Skim the listings to get a general idea of the movies. Assign one of these ratings to each one. Then discuss your ratings with a partner.

• para toda la familia
• sólo para mayores de 13 años
• sólo para adultos

VIDEOS

COMEDIA

Ellas dan el golpe

La formación de la primera Liga Profesional de Béisbol Femenino es el episodio histórico en el que se basa esta comedia de deportes. Davis y Madonna son muy graciosas con sus uniformes y sus gorritas. Y siempre nos gusta ver el talento prodigioso de Hanks. Una película como muchas otras, pero sí es divertida. *Para los aficionados al béisbol y a las comedias.*

DIRECTORA: Penny Marshall
INTÉRPRETES: Tom Hanks, Geena Davis, Madonna, Lori Petty

TERROR

El chip asesino

¡Cuidado! Este ordenador puede sacarle los ojos o cortarle la mano. Menos mal que tenemos otros quehaceres esta noche. *Sólo para los que nunca tienen miedo.*

DIRECTORA: Rachel Talalay
INTÉRPRETES: Karen Allen, Chris Mulkey

AVENTURAS

Hace un millón de años

Los animales más potentes del pasado y la actriz menos emocionante del presente se encuentran por primera y última vez. *¡Uf! No es para nadie.*

DIRECTOR: Don Chaffey
INTÉRPRETES: Raquel Welch, John Richardson

Infórmate

STRATEGY ➤ **Changing sentence elements to get meaning**

1 Ellas dan el golpe

You probably understand the phrase *Liga Profesional de Béisbol Femenino* even though the words are in a different order from what we would say in English.

Understanding the order of Spanish sentence parts can also help you understand whole sentences. In Spanish the subject often comes *after* the verb that goes with it. For example, *Llegó María.*

Switch the order of the last two parts (the subject and verb) of this excerpt from the movie review to help you understand it better:

. . . es el episodio histórico / en el que / se basa / esta comedia de deportes

2 El chip asesino

The word *ordenador* is a synonym for *computadora.* How does that information help you figure out the meaning of the title? After reading the review, can you think of an English cognate for *asesino?*

3 Hace un millón de años

Identify the one word in the review that would help you figure out the title if you did not know that *hace* means "ago."

Aplicación

1 Which of these movies would you prefer to see? Why?

2 Choose a current movie and role-play two television critics who agree or disagree about it.

Roberto Zorita

VÍDEOS

NOVEDADES

El último mohicano

DANIEL DAY-LEWIS

Una nueva versión de este clásico del cine de aventuras, protagonizado por Daniel Day Lewis, el actor que consiguió el Oscar por "Mi pié izquierdo". Hawkeye, un blanco adoptado por los mohicanos, vive ajeno a la guerra que mantienen franceses e ingleses, ambos ayudados por sus aliados indios. Su vida cambia por completo cuando salva de una muerte segura a Cora Munro, hija de un coronel británico, que ha caído en una emboscada preparada por el jefe de la tribu de los hurones.

DIRECTOR: Michael Mann. INTÉRPRETES: Daniel Day Lewis, Madeleine Stowe. LIBRO: James Fenimore Cooper. TRI PICTURES. AVENTURAS. *Venta.*

Ca **can**

Alex, miem de ka com arte tes ta c cuar que n

E De Fra no

COMEDIA

¡Vamos a escribir!

Choose a recent TV show that you enjoyed, and write a review of it.

1 First, think of some of the things you want to say about the TV show, for example, when you saw it, who was in it, and what it was about. With a partner, brainstorm three other things you want to include.

2 Now, write a first draft using your brainstorming ideas as a guide. Show your work to your partner and ask for suggestions for changes. Think about the suggestions and any other changes you might like to make. Then rewrite your review.

3 Copy edit your review using the following checklist:

- spelling
- capital letters
- punctuation
- comparative and superlative forms of adjectives
- the preterite of *ver*
- indirect object pronouns

4 Now you are ready to share your work. Contribute your review to a class program guide called *Guía de Televisión: Los mejores programas*. You may also want to include it in your portfolio.

Resumen del vocabulario

quise   quisimos
quisiste   quisisteis
quiso   quisieron

Use the vocabulary from this chapter to help you:

- talk about TV shows and movies
- tell when events begin and end, and how long they last
- express and defend an opinion about TV shows and movies

to name types of movies

la clase (de) *type of*
la película de aventuras *adventure*
la película de ciencia ficción *science fiction*
la película de terror *horror*
la película del oeste *western*
la película musical *musical*
la película romántica *romance*

to discuss TV shows

el actor *actor*
la actriz *actress*
el anuncio (de televisión) *adv*
el canal *channel*
la comedia *comedy*
el concierto *concert*
el documental *documentary*
dar + *movie or TV program*
los dibujos animados *cartoons*
las noticias *news*
el programa de detectives *detective show*
el programa de entrevistas *talk show*
el programa de hechos de la vida real *reality*
el programa deportivo *sports*
el programa educativo *educational*
el programa musical *musical*
el pronóstico del tiempo *weather*
la telenovela *soap opera*

to describe a movie or TV show

aburrido, -a *boring*
cómico, -a *funny*
demasiado *too*
divertido, -a *fun / amusing*
emocionante *exciting / touching*
en blanco y negro *black & white*
en colores *color*
fascinante *facinating*
interesante *interesting*
más (here: *more*) *more*
el / la / los / las mejor(es) (here: *best*) *the best*
el / la / los / las peor(es) (here: *worst*) *the worst*
realista *realistic*
tonto, -a *silly*
triste *sad*
un poco *a bit - a little (bit)*

to indicate time or duration

casi *almost*
corto, -a (here: *duration*) *short (length)*
de la mañana *tomorow*
de la noche *tonight*
de la tarde *late*
durar *during / lasts*
el minuto *minute*
el tiempo *time / weather*
en punto *sharp (time)*
hasta *until*
largo, -a (here: *duration*) *long*

más tarde *later*
más temprano *earlier*
media hora (f.) *1/2 hour*
el mediodía *noon*
al mediodía *at noon*
la medianoche *midnight*
a medianoche *at midnight*
puntualmente *punctual*
todavía no *not yet*

to express opinions or reactions

aburrir *boar (they boar me)*
dar miedo a *to make you afraid / to give fear*
fascinar *facinating*
interesar *interesting*
pensar (e → ie) (que) *opinion-think that*
sobre *on*

to indicate a reason

por eso *for that reason (I like "such and such")*

Resumen   231

Capítulo 12

¡Vamos a un restaurante mexicano!

OBJECTIVES

At the end of this chapter,
you will be able to:

• ask politely to have something
brought to you

• order a meal

• say what you ate or drank

• compare family dinners
in the Spanish-speaking world
and in the United States

Este muchacho vende tacos en la playa de Acapulco.

233

¡Piénsalo bien!

Think about the Mexican restaurants you're familiar with.
What are their names? Are they fast-food places, family-style
restaurants, or fancy restaurants? Which of the restaurants shown
in these photos is most similar to those in your community?

" Cuando hace fresco, no hay nada mejor que un tazón grande de sopa, ¿verdad?"
Restaurante de la pequeña isla Janitzio en el lago Pátzcuaro, México

" ¿Qué vamos a pedir? ¿Chiles rellenos? ¿Pollo con mole?"
Restaurante en el mercado Libertad, Guadalajara

" ¿Qué pides?"
" No sé. Todo lo que sirven es muy sabroso."

En el patio de un restaurante, San Diego, California

Tacos and *burritos* are the Mexican foods most commonly available in the United States. Mexicans eat a wide variety of foods, however. What foods do you think people in Mexico consider typical of the United States?

Vocabulario para conversar

¿Con qué se hacen las enchiladas?

- As your teacher names the ingredients of some typical Mexican dishes, show your partner the appropriate pictures.
- As your teacher names various Mexican dishes, say *sí* if you have ever eaten them and *no* if you haven't.
- As your teacher names some snacks, tell your partner *me gusta(n)* if you like that food and *no me gusta(n)* if you don't.

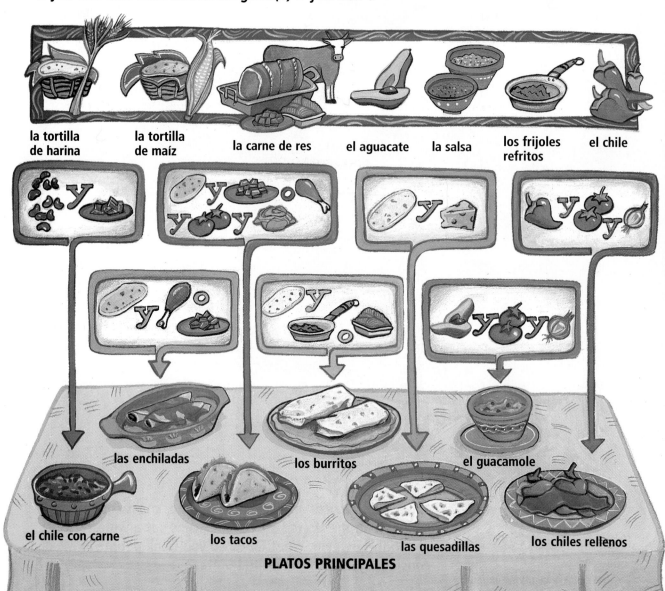

la tortilla de harina

la tortilla de maíz

la carne de res

el aguacate

la salsa

los frijoles refritos

el chile

las enchiladas

los burritos

el guacamole

el chile con carne

los tacos

las quesadillas

los chiles rellenos

PLATOS PRINCIPALES

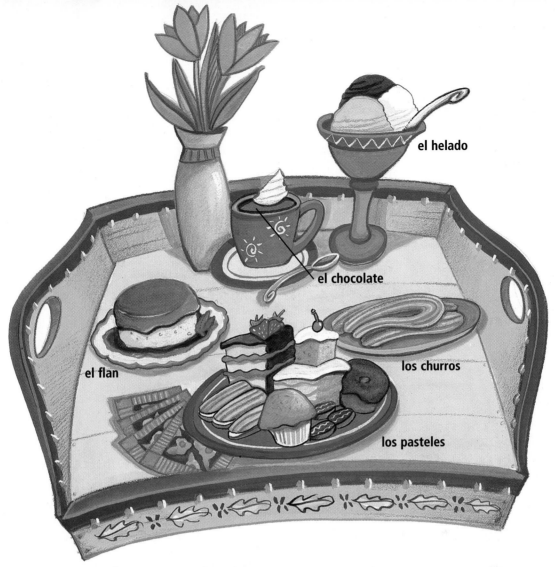

el helado

el chocolate

el flan

los churros

los pasteles

También necesitas . . .

¿Con qué se hace(n) ___?	*What is/are ___ made with?*	picante	*spicy, hot (flavor)*
Se hace(n) con ___.	*It's (they're) made with . . .*	no picante	*mild (flavor)*
pedir *(e → i)*: (yo) pido	*to ask for, to order: I order*	una vez	*once*
(tú) pides	*you order*	alguna vez	*ever*
servir *(e → i)*: (yo) sirvo	*to serve: I serve*	a menudo	*often*
(tú) sirves	*you serve*		
probar *(o → ue)*	*to try; to taste*		
¿Has probado ___?	*Have you tried ___?*		
He probado ___.	*I have tried ___.*		
vender	*to sell*		
el postre*	*dessert*		
de postre	*for dessert*		

¿Y qué quiere decir . . . ?
de merienda
muchas veces

*A sweet course after a meal is not as common in Spanish-speaking countries as it is in the United States.

Empecemos a conversar

Túrnate con un(a) compañero(a) para ser *Estudiante A* y *Estudiante B*.
Reemplacen las palabras subrayadas con palabras representadas
o escritas en los recuadros. quiere decir que puedes escoger
tu propia respuesta.

1 A —¿*Has probado* <u>*los frijoles refritos*</u> *alguna vez?*
   B —*Sí, los he probado* <u>*una vez (muchas veces)*</u>. <u>*(No) me gusta(n)*</u>.
      o: *No, nunca.*

Estudiante A   Estudiante B

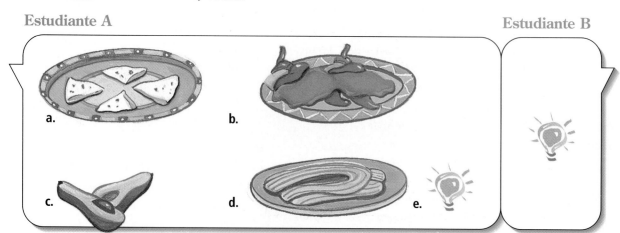

a.   b.

c.   d.   e.

2

A —¿Quieres probar *el chocolate*?
B —*Sí, creo que me va(n) a gustar*.
   o: *No, creo que no me va(n) a gustar*.

Estudiante A   Estudiante B

a.

b.

c.

d.

e.

f.

3 A —¿Con qué se hacen *los tacos*?
    B —Con *tortillas de maíz y pollo o carne de res, lechuga y tomate*.

Estudiante A   Estudiante B

4   de plato
      principal

A —¿Qué vas a pedir *de plato principal*?
B —*Quisiera probar el chile con carne*.

Estudiante A   Estudiante B

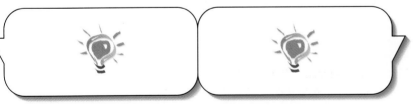

a. para el almuerzo

b. para la cena

c. de merienda

d. de postre

Empecemos a leer y a escribir

Responde en español.

1 Lee estas descripciones del menú de un restaurante mexicano. Luego escribe los nombres de los platos que has probado y de los que te gustaría probar. Si no los has probado, escribe por qué te gustaría o no te gustaría probarlos.

He probado | Me gustaría probar

- **Guacamole**
  Aguacate, tomate, cebolla y chile. Mmmmmm. ¡Qué sabroso con tostaditas!

- **Enchiladas**
  Queso, pollo o carne de res en una tortilla de maíz con salsa de tomate y chile.

- **Tostada**
  Tortilla de maíz frita con frijoles refritos, queso, lechuga y tomate. ¡Deliciosa!

- **Mole poblano**
  Pollo en una salsa de chile, tomates verdes, muchas especias ¡y chocolate! Uno de los platos más famosos de la cocina mexicana.

- **Cebiche**
  Pescado, tomate, cebolla y chile en jugo de lima. ¡Muy sabroso!

2 ¿Prefieres la comida picante o no picante? ¿Qué restaurantes de tu comunidad sirven comida picante?

3 ¿Cuál es tu comida mexicana favorita? ¿Con qué se hace? ¿Hay tiendas en tu comunidad donde venden los ingredientes necesarios? ¿Dónde están?

4 ¿Qué comes de postre más a menudo, pasteles, helado o fruta? ¿Por qué?

También se dice

las masas

el ají

los porotos
las judías
las habichuelas

la palta

www.pasoapaso.com

MORE PRACTICE

Practice Workbook 12–1, 12–2

Perspectiva CULTURAL

¿Vas a restaurantes a menudo? ¿Te gusta ir con tu familia? ¿Con tus amigos? Generalmente, ¿con quiénes vas? Cuando comes en un restaurante, ¿más o menos cuánto tiempo dura la comida?

What words would you use to describe this restaurant and the people in it? Does it look like restaurants you know, or do you see differences?

This photo gives you a glimpse of what a Sunday dinner might be like in a restaurant in Mexico City. If you lived there, you'd probably be looking forward to seeing grandparents, aunts, uncles, and cousins because a Sunday dinner is often a time for the extended family to get together. Infants and small children are often present. The dinner can last for two or three hours.

A dinner out can also take place very late at night, especially in a big city. It is common to see an entire family arrive at a restaurant at 10 or 11 o'clock in the evening. On Friday and Saturday nights, restaurants often stay open until 2 or 3 in the morning. Some offer entertainment, such as a band.

Many late-night restaurants attract a varied crowd. A family, including young children and grandparents, might be at one table. A rock group might be at another. Among the people waiting might be a couple dressed in evening clothes who have just come from the theater.

La cultura desde tu perspectiva

1 What are the similarities and differences between eating out in Mexico and in the United States?

2 What values do you think are reflected in how long meals last and the combinations of people who eat together?

www.pasoapaso.com

Vocabulario para conversar

At Home VIDEO Chapter 12 Vocabulary

¡Me falta una cuchara!

- As your teacher reads the words for the different utensils, show your partner the appropriate pictures.
- As your teacher names different foods, show your partner which utensils you need to eat them.
- As your teacher describes where some objects are located, say *sí* if the description is true and *no* if it isn't.

el camarero

el menú

Restaurante Dolores

la taza

el plato

el platillo

el vaso

la mantequilla

el tazón

el cuchillo

el azúcar

la cuchara

el mantel

el tenedor

la servilleta

También necesitas . . .

faltar: Me falta(n) ___. to lack, to need: I am lacking/ I need (something)

pasar: ¿Me pasas ___? to pass: Will you pass me ___?

traer to bring
  ¿Me trae ___?   Will you bring me___?
  (Le) traigo ___.   I´m bringing (you) ___.

beber: (yo) bebí to drink: I drank
    (tú) bebiste   you drank

comer: (yo) comí to eat: I ate
    (tú) comiste   you ate

pedir: (yo) pedí to order: I ordered
    (tú) pediste   you ordered

¿Algo más? *Anything else?*
lo mismo *the same thing*
en seguida *right away*

¿Y qué quiere decir . . . ?
a la carta
la especialidad de la casa
el plato del día

la camarera

encima de

debajo de

la cuenta

detrás de

delante de

la sal

la pimienta

245

Empecemos a conversar

1

A —*Camarero, me falta <u>un menú</u>. ¿Me trae <u>uno</u>, por favor?*

B —*Sí, le traigo <u>un menú</u> en seguida. ¿Necesita algo más?*

Estudiante A   Estudiante B

a.   b.   c.

d.   e.   f.

2   un sandwich   A —*¿Pediste <u>un sandwich</u>?*

B —*Sí, pedí mi <u>sandwich favorito</u>, <u>uno de jamón y queso</u>.*

o: *No, nunca pido sandwiches.*

Estudiante A   Estudiante B

a. un postre

b. una bebida

c. una sopa

d. una ensalada

3   A —*¿Me pasas <u>la mantequilla</u>, por favor?*

B —*Sí, aquí <u>la</u> tienes.*

Estudiante A   Estudiante B

¡No olvides!

Remember that the direct object pronouns *lo, la, los,* and *las* agree in number and gender with the nouns they replace and that they go right before the verb.

4

A —¿Dónde pongo la servilleta?
B —*Debajo del tenedor*.
   o: *A la izquierda del plato.*

Estudiante A

a. b. c.

d. e. f.

Estudiante B

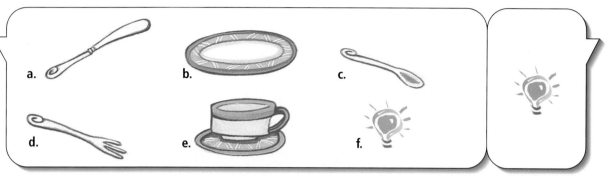

Una tarde de verano,
Agua Prieta, México

Un domingo de verano
en el parque de
Chapultepec

Empecemos a leer y a escribir

Responde en español.

1 Imagina que un miembro de tu familia está enfermo y vas a servirle estas comidas. ¿Qué vas a necesitar? Una comida va a sobrar (*will be left over*).

1. sopa de tomate y un sandwich de queso para el almuerzo
2. sopa de verduras, arroz con pollo, ensalada de lechuga y, de postre, fruta para la cena
3. jugo de tomate, huevos, jamón, pan tostado y leche para el desayuno
4. pescado, papas al horno, zanahorias y té helado para la cena
5. chile relleno y limonada para el almuerzo
6. jugo de naranja, cereal y chocolate para el desayuno
7. bistec, papas fritas y ensalada de lechuga para la cena

   a. dos vasos, un plato grande y un plato pequeño
   b. un tazón, un plato grande y dos platos pequeños
   c. un plato grande y un plato pequeño
   d. un tazón y un plato pequeño
   e. un vaso, un tazón y una taza
   f. un vaso y un plato grande

Escoge una de estas comidas y piensa en otras cosas que necesitas para poner la mesa. Escribe tres o cuatro cosas.

Necesito un mantel, ...

2 ¿Qué bebiste en el desayuno esta mañana? ¿Qué comiste? ¿Y ayer? ¿Lo mismo o algo diferente?

3 ¿Te gusta el plato del día de la cafetería hoy? ¿Qué platos de la cafetería te gustan más? ¿Cuáles no te gustan nada?

4 ¿Cuál es la especialidad de la casa de tu restaurante favorito?

el mesero, la mesera
el mozo, la moza

la carta
la lista
la minuta

Champiñones con mucho tomate.

Prueba la nueva salsa de tomate con champiñones Solís. Es justo el toque que a ti te gusta para hacer más sabrosos tus platos. Preparada con los mejores tomates y los más deliciosos champiñones.

Lista para servir. Tan buena como el Sofrito, la Salsa Boloñesa y la Salsa Napolitana. Dale salsa a tus platos con las especialidades Solís.

Solís

MORE PRACTICE

Practice Workbook 12–3, 12–4

www.pasoapaso.com

Vocabulary Practice

COMUNIQUEMOS

Aquí hay otra oportunidad para usar el vocabulario de este capítulo.

1 En este dibujo hay siete errores. Trabaja con un(a) compañero(a) y describe en español los errores. Después, comparen con otros dos estudiantes los errores que encontraron.

El vaso está debajo del plato.
o: *El plato está encima del vaso.*

2 Usa el menú para pedir una comida completa. Con tu compañero(a) representen *(play the role)* al camarero (a la camarera) y al (a la) cliente.

A — *¿Qué desea, señor/señorita?*
    (¿Y para beber? ¿Y de postre?)
B — *Quisiera pan tostado con mantequilla.*

3 ¿Qué dirías *(would you say)* en estas situaciones? Escoge cuatro situaciones y empieza la conversación. Tu compañero(a) va a responder.

Pediste el bistec pero sólo tienes un tenedor y una cuchara.

A — *¿Me trae un cuchillo, por favor?*
B — ...

a. Pediste sopa pero sólo tienes un tenedor.
b. Te gustaría pedir guacamole pero no sabes con qué se hace.
c. No hay pan en la mesa.
d. Pediste agua pero ya la bebiste.
e. Tu cuchillo está sucio.
f. Quieres salir pero no sabes cuánto tienes que pagar.
g.

✔ Ahora lo sabes

Using what you have learned so far, can you:

- **describe the ingredients in certain dishes?**

- **make polite requests to have something brought or passed to you?**

- **order a meal?**

- **tell what you ate or drank?**

- **compare a family dinner in the U.S. and in Mexico?**

Conexiones

Estas actividades sirven de unión entre el español y las otras materias que estudias.

 ## La leyenda de Quetzalcóatl y el maíz

Read this legend about how the people of ancient Mexico received the gift of corn. Quetzalcóatl, whose name means "plumed serpent," is the Aztec god of the wind (*el dios del viento*).

La gente tiene hambre.
Quetzalcóatl los quiere ayudar.

Un día ve unas hormigas rojas con granos de maíz. Las hormigas no quieren darle el maíz a Quetzalcóatl. Él se transforma en una hormiga negra. Va detrás de las hormigas rojas a la montaña de maíz.

Quetzalcóatl toma el maíz y lo pone en la tierra fértil. Les pide ayuda a la Lluvia y al Sol, otros dioses, para cultivar los granos de maíz.

¿De dónde viene...?

Lugar	Personajes	Problema	Solución

With a partner, take turns asking each other these questions in order to fill in a story map like the one pictured.

- ¿Dónde tiene lugar (*take place*) la leyenda?
- ¿Quiénes son los personajes de la leyenda?
- ¿Cuál es el problema?
- ¿Cuál es la solución?

When the Spanish arrived in the New World, they found many unfamiliar foods. They also brought many foods from Europe that were unknown to the native peoples of the Americas. These two lists tell you what direction these foods took across the Atlantic.

De las Américas	De Europa
el tomate	el arroz
la papa	la lechuga
el cacao (chocolate)	el limón
el aguacate	la zanahoria
el maíz	la naranja

La gente recibe el maíz, lo cocina y lo muele para hacer tortillas. Ya no tienen hambre y le dan las gracias a Quetzalcóatl.

Research these two foods and add them to the correct list: *la manzana* and *la cebolla*.

With a partner, think of a way to make this information easy to show by using pictures, maps, charts, or a combination of these things. Then make a poster using your ideas.

Gramática en contexto

Look at this poster for a kindergarten class.

Las reglas de nuestra clase

Miro a la maestra.

Pido permiso para hablar.

Escucho cuando los otros hablan.

Limpio la mesa después de pintar.

Traigo mis lápices todos los días.

A The verbs at the beginning of each rule end in the same vowel. What does this tell you?

B Find a form of the verb *pedir* in the poster. How is it different from what you might have expected? With a partner, write what you think the present-tense *Ud./él/ella* and *Uds./ellos/ellas* forms might be.

C Find a form of the verb *traer* in the poster. Write it on a piece of paper. This is the only form of *traer* that is different from what you might expect. Using what you know about *-er* verbs, write what you think the other present-tense forms might be.

Verbos con el cambio e → i

You know two types of stem-changing verbs: those like *poder (o → ue)* and those like *pensar (e → ie)*. There is a third type in which the *e* in the stem changes to *i* in some of the present-tense forms. *Pedir* is an example of this type. Here are all of its present-tense forms.

(yo)	p**i**do	(nosotros) (nosotras)	p**e**dimos
(tú)	p**i**des	(vosotros) (vosotras)	p**e**dís
(Ud.) (él) (ella)	p**i**de	(Uds.) (ellos) (ellas)	p**i**den

- Unlike *o → ue* and *e → ie* verbs, the infinitives of **all** *e → i* verbs end in *-ir.* Notice that the endings follow the pattern of regular *-ir* verbs.

- Another verb of this type that you know is *servir.*

    En ese restaurante siempre **sirven** arroz con pollo.

1 Find the winning row on the tic-tac-toe board. It has the subjects for three present-tense forms of *pedir* in which the *e* changes to *i*.

tú y yo	los estudiantes	yo
tú	Ud. y yo	Roberto
Marta y yo	la profesora	Inés y Carlos

¡No olvides!

Here are the *o → ue* stem-changing verbs that you know:

costar   llover
doler   poder
dormir   probar

These are the *e → ie* stem-changing verbs that you know:

cerrar   pensar
empezar   preferir
nevar   querer

Two of the verbs have only one present-tense form. Which ones are they?

2 Pregúntale a un(a) compañero(a) qué piden de postre las siguientes personas en un restaurante.

A —*En un restaurante, ¿qué piden de postre tus abuelos?*
B —*Generalmente piden pasteles.*

a. tú
b. (nombre de dos amigos o amigas)
c. tu papá / tu mamá
d. tu hermano(a)
e. tú y tus amigos

3 Dile a un(a) compañero(a) qué comida sirven estas personas en diferentes ocasiones.

Mi mamá sirve verduras todos los días.

a. tu mamá / todos los días
b. tú y tus amigos / en una fiesta
c. tu hermano(a) mayor / un domingo para el desayuno
d. tus abuelos / para la cena
e. tú / en la fiesta de tu cumpleaños
f. una familia mexicana / un domingo para el almuerzo
g.

El verbo *traer*

Here are all of the present-tense forms of *traer* ("to bring").

(yo)	**traigo**	(nosotros) (nosotras)	tra**emos**
(tú)	tra**es**	(vosotros) (vosotras)	tra**éis**
(Ud.) (él) (ella)	tra**e**	(Uds.) (ellos) (ellas)	tra**en**

- Like *poner* and *hacer, traer* has only one irregular present-tense form: *traigo.* All of the other forms follow the pattern of regular *-er* verbs.

4 Using the chart, decide which form of the verb *traer* would be used:

a. to talk about what one person brings to school
b. to talk about what more than one person brings to school
c. to talk about what you bring to school
d. to talk about what you and a friend bring to school
e. to ask a friend what he or she brings to school

5 ¿Qué traen a la escuela estas personas todos los días? ¿Y qué traen sólo una vez o dos veces por semana?

Ramón trae su mochila todos los días. El miércoles también trae sus tenis para la clase de educación física.

a. tu mejor amigo(a)
b. los profesores
c. (nombre de) un(a) estudiante artístico(a)
d. (nombre de) un(a) estudiante deportista
e. tú y tus compañeros de clase

Túrnate con tu compañero(a) para hablar de lo que traen Uds. a la escuela.

¿Qué traes tú . . . ?
Traigo . . .

MORE PRACTICE

Practice Workbook 12–5, 12–7

Perspectiva CULTURAL

Before the time of Columbus, the native peoples of North and South America grew many crops that are part of our diet today. These include potatoes, beans, corn, squash, chilies, tomatoes, avocados, vanilla, and cacao. The seed of the cacao plant is used to make chocolate.

Bernal Díaz del Castillo, a Spanish soldier, wrote about Aztec life in a book about the conquest of Mexico. In his history he describes the delicious meals prepared for the Aztec emperor Moctezuma II. The emperor's cooks used chickens, turkeys, quail, turtledoves, pheasants, and freshwater and saltwater fish and shellfish to create hundreds of different dishes. The fish were caught in faraway lakes and in the sea and were delivered to Moctezuma's palace in Tenochtitlán, present-day Mexico City, by a team of runners.

The emperor ate behind a gilded screen. Food was kept hot on small clay grills. Only four old gentlemen were allowed to stand at Moctezuma's side during meals to talk to him and answer questions. Servants in nearby rooms were not permitted to make noise or speak loudly so that Moctezuma could think. At the end of the meal, big pitchers full of foaming, unsweetened chocolate were served.

La cultura desde tu perspectiva

1 How do you explain that pizza, which uses tomatoes, originated in Italy?

2 What does the description of Moctezuma's meal tell you about what Aztec society may have been like?

la vainilla

el cacao

www.pasoapaso.com

Cultural Activity

Dos detalles de
La gran ciudad de Tenochtitlán (1945),
Diego Rivera

Gramática en contexto

Look at this ad. What kind of service does this restaurant provide?

¿Qué desea?

¿Pollo? ¿Carne de res? ¿Pescado?

Sólo hay que hacer una llamada telefónica, y **Restaurante Candil** le lleva a su casa comidas completas para toda la familia. ¡Ud. no hace nada! También podemos llevarle ensaladas, bebidas y postre.

Mis hijos comieron pollo frito...
Mi esposo comió bistec...
¡Yo comí pescado!
¡Y nadie lavó los platos!

Restaurante Candil
tel.: 555-8725
fax.: 555-9314

A You know that *le* can be used to tell to whom or for whom something is done. Find two examples of *le* in the ad. What do you notice about its position in relation to the verb?

B You have already seen two forms of *comer* in the preterite, *comí* and *comiste*. What other preterite forms of *comer* do you see in the ad? Which forms do you think they are?

Repaso del complemento indirecto: Los pronombres

An indirect object tells to whom or for whom an action is performed. You already know the indirect object pronouns: *me, te, le, nos,* and *les.*

El camarero **nos** trae menús.	*The waiter brings **us** menus.*
Me sirve la especialidad de la casa.	*He is serving **me** the house specialty.*
¿**Te** trae la cuenta ahora?	*Is he bringing **you** the check now?*

- We can attach an indirect object pronoun to an infinitive or put it before the main verb.

El camarero **va a traernos** quesadillas.	*The waiter **is going to bring us** quesadillas.*
El camarero **nos va a traer** quesadillas.	

- Because *le* and *les* can have more than one meaning, we can make the meaning clear by adding *a* + pronoun.

La camarera **le** trae el helado **a ella**.	*The waitress brings ice cream **to her**.*
Les sirve flan **a ellos**.	*She serves **them** flan.*

- When we use an indirect object noun, we usually use the indirect object pronoun too.

Les compro el postre **a mis padres**.	*I'm buying dessert **for my parents**.*
Le sirvo pasteles **a María**.	*I serve pastries **to María**.*

1 Use the information above to choose the phrases on the right that could be used to make the sentences on the left more clear.

a. Le sirvo el chocolate.
b. Les sirvo el chocolate.

a mi papá
a los profesores
a Juan
a la profesora
a mis amigos
a Uds.
a Ud.

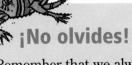

¡No olvides!

Remember that we always use indirect object pronouns with *doler, encantar, faltar, fascinar, gustar,* and *interesar.*

2 Tu compañero(a) y tú van a preparar estas comidas. Pídele algo que necesitas. Luego continúa la conversación.

A —*Quiero hacer quesadillas. ¿Me traes tortillas de harina?*
B —*Sí, ¿y te traigo queso también?*
A —*Sí, por favor.*

| a. | b. | c. |

| d. | e. | f. |

3 ¿Qué les sirve tu mamá a estas personas en estas ocasiones? Habla con un(a) compañero(a).

cuando tú y tus amigos(as) tienen mucho calor

A —*¿Qué les sirve tu mamá a ti y a tus amigos(as) cuando tienen mucho calor?*
B —*Cuando tenemos mucho calor, mamá nos sirve té helado.*

a. cuando tú y tus hermanos(as) tienen un resfriado
b. cuando tienes mucho frío
c. para tu cumpleaños
d. cuando tú y tus hermanos(as) tienen gripe
e. cuando tienes dolor de estómago
f.

4 Vas a ir de compras. Tu compañero(a) te pregunta por qué vas a cada (*each*) lugar.

A —¿*Por qué vas al correo?*
B —*Necesito comprarle unos sellos a mi papá.*

Estudiante A

a.

b.

c.

d.

e.

f.

Estudiante B

a mi hermano(a)

a mis amigos

a mi amigo(a)

a mis padres

a mi mamá / papá

5 Vas a invitar a estas personas a tu casa. Dile a tu compañero(a) qué vas a servirles.

tus amigos

A —¿*Qué vas a servirles a tus amigos?*
B —*Voy a servirles hamburguesas y papas fritas.*

a. tu profesor(a) de español
b. tu mejor amigo(a)
c. tus abuelos
d. el Presidente de los Estados Unidos
e. (nombre de un grupo musical)
f. (nombre de un actor o una actriz)
g.

Churros y chocolate—¡qué delicioso! Estas jóvenes compran una merienda en la fiesta del Pilar, Madrid.

El pretérito de los verbos que terminan en *-er* e *-ir*

Remember that we use the preterite tense to tell what happened in the past. For *-ar* verbs, we use this pattern of endings: *-é, -aste, -ó; -amos, asteis, -aron*.

Here is a review of all of the preterite forms of *probar*.

(yo)	prob**é**	(nosotros) (nosotras)	prob**amos**
(tú)	prob**aste**	(vosotros) (vosotras)	prob**asteis**
(Ud.) (él) (ella)	prob**ó**	(Uds.) (ellos) (ellas)	prob**aron**

The preterite endings for regular *-er* and *-ir* verbs are alike: *-í, -iste, -ió; -imos, -isteis, -ieron*.

Here are all of the preterite forms of *comer* and *salir*.

(yo)	com**í**	(nosotros) (nosotras)	com**imos**
(tú)	com**iste**	(vosotros) (vosotras)	com**isteis**
(Ud.) (él) (ella)	com**ió**	(Uds.) (ellos) (ellas)	com**ieron**

(yo)	sal**í**	(nosotros) (nosotras)	sal**imos**
(tú)	sal**iste**	(vosotros) (vosotras)	sal**isteis**
(Ud.) (él) (ella)	sal**ió**	(Uds.) (ellos) (ellas)	sal**ieron**

¡No olvides!

Remember that *ver* does not have accent marks on any of its preterite forms: *vi, viste, vio; vimos, visteis, vieron.*

• Notice the accent marks on the endings *-í* and *-ió*.

6 Using the chart, decide which form of *comer* would be used:

    a. to tell what one person ate
    b. to tell what more than one person ate
    c. to tell what you ate
    d. to tell what you and a friend ate
    e. to ask a friend what he or she ate

7 Using the chart, decide which form of *salir* would be used:

    a. to say when you left
    b. to ask a friend when he or she left
    c. to tell when one person left
    d. to tell when you and a friend left
    e. to tell when more than one person left

8 Match the subjects on the right with the sentences on the left. One subject will be left over.

    a. Salí a las 3:30.   Esteban y Julia
    b. Salieron a las 4:00.   yo
    c. Salió a las 4:15.   Tomás y yo
    d. Saliste a las 3:00.   tú
                         Luz

9 En grupos, hagan una encuesta para averiguar qué comida y qué bebida fueron *(were)* las más populares ayer en la cafetería. Usen frases como éstas.

¿Qué bebiste . . . ? ¿Cuántos comieron (espaguetis)?
¿Y (chile con carne)?

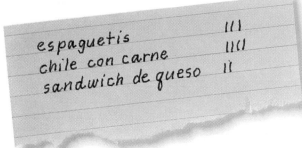

Combinen los resultados en una gráfica en la pizarra. ¿ Cuál fue el resultado?

Ayer la comida más popular de la cafetería fue . . .

MORE PRACTICE

Practice Workbook 12–8, 12–10

Esta sección te ofrece la oportunidad de aumentar tus conocimientos de español al integrar lo que aprendiste en este capítulo con lo que aprendiste en capítulos anteriores.

1 ¡Me encantan las zanahorias!

With a partner, match these cartoon characters with their favorite food.

Garfield	leche
Bugs Bunny	lasaña
Baby Maggie Simpson	espinacas
Popeye	zanahorias

Now discuss where in your community each character might like to eat. Include:

- el nombre del restaurante
- dónde está
- si el restaurante es caro o barato
- qué más va a pedir el personaje si va al restaurante

2 Cómo poner la mesa

In groups of three, take turns setting the table. Student A begins by placing things incorrectly. Student B tells Student A what to do. When Student A finishes, Student C decides whether the new table setting is correct and reports to the class.

You may want to use sentences such as these:

Debes poner el plato a la derecha de . . .

La cuchara no debe estar debajo de . . .

Creo que todo está bien.
o: *Creo que no está bien porque . . .*

3 El día de la cafetería

Role-play servers, cashiers, and customers by having a *Día de la cafetería*. Prepare by finding pictures of food in old magazines, cutting them out, and pasting them on paper plates.

Assemble all the plates and place them on a table that will serve as the cafeteria counter. Arrange the other classroom furniture as tables and chairs for the customers to use. Assign the roles of counter people, cashiers, and customers.

Here are some sentences you may want to use at the counter:

- ¿Qué desea, señor/señorita?
- ¿Cuánto cuesta(n) . . . ?
- ¿Con qué se hace(n) . . . ?

Here are some sentences you may want to use at your table:

- ¿Qué pediste?
- ¿Qué bebiste?
- ¿Qué comiste?
- ¿Has probado . . . ?
- ¿Te gusta(n) . . . ?
- ¿Me trae . . . ?
- ¿Me pasas . . . ?

✔ Ahora lo sabes

Using what you have learned so far, can you:

- **tell what people order and serve?**

- **tell what someone brings to you or to an event?**

- **tell what you or someone else ate and drank?**

¡Vamos a leer!

www.pasoapaso.com
Cultural Activity

Antes de leer

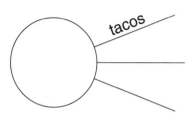
STRATEGY ➤ Using prior knowledge

What do you think of when you hear the words "Mexican food"? Make a word web of all your ideas.

tacos

Mira la lectura

STRATEGY ➤ Skimming

Skim the selection to get a general idea of what it is about.

Use the selection and your word web to choose the sentence that best expresses the main idea of the selection.

a. La comida mexicana que se come en los Estados Unidos es totalmente diferente de la que se come en México.

b. La comida mexicana que se come en los Estados Unidos es muy diferente de la que se come en México.

c. La comida mexicana que se come en los Estados Unidos no es muy diferente de la que se come en México

PLATILLOS DE JALISCO,
EN EL CENTRO DEL PAÍS

ensalada de nopales
carne asada
arroz con leche
agua de horchata

EN LA VARIEDAD ESTÁ EL GUSTO

¿Te gustan los burritos o las fajitas? ¿Crees que esta comida es auténtica? La comida mexicana de los Estados Unidos es diferente de la que se come en México. Los inmigrantes y los mexicano-americanos han creado un nuevo mundo de la cocina mexicana. Los burritos y las fajitas son populares en las ciudades norteamericanas pero no en México.

Cada región de México tiene sus propias comidas. Imagina que visitas tres estados de México. Puedes comer algo distinto en cada uno.

Mira los menús.

Infórmate

STRATEGY ▶ **Using illustrations to figure out unknown words**

Use the illustrations to help you finish these sentences.

1 A *nopal* is probably a ___ .
a. kind of bread
b. green plant
c. dessert

2 *Agua de horchata* is probably ___ .
a. a flavored drink
b. chocolate milk
c. a fruit-flavored milkshake

3 A *guayaba* is probably a ___ .
a. soup
b. sauce
c. tropical fruit

Which of the meals is most like a meal that you have eaten? Choose one and tell a partner how it is similar and how it is different. You might use sentences such as:

Generalmente, como (pastel o helado) de postre, no (dulce de guayaba).
(La ensalada tropical) es (una ensalada de fruta).
Prefiero ...
Me gusta ...

Aplicación

Role-play a conversation between yourself and a visiting Mexican exchange student in a Mexican restaurant in the United States.

PLATILLOS DE VERACRUZ,
EN EL SURESTE DE MÉXICO

ensalada tropical
pescado a la veracruzana
arroz verde
dulce de guayaba
café

PLATILLOS DE NUEVO LEÓN,
AL NORTE DE MÉXICO

guacamole con enchiladas
huevos con carne de res
dulce de leche
té helado

¡**V**amos a escribir!

Everyone enjoys going out to eat, but it's not always easy to decide where to go. Write a review of a restaurant that you would recommend to your classmates.

1 Think about a restaurant you often go to. It can be a fast-food restaurant, a coffee shop, or even the school cafeteria. With a partner, brainstorm some ideas for what you should include. Add at least three more ideas to this list.

- el nombre del restaurante
- dónde está
- las horas de servicio

2 Use the answers to the questions to write a first draft. Show your draft to a partner. Rewrite your review taking into consideration the changes suggested by your partner and any others you might like to make. Then rewrite your review.

3 Copy edit your review using the following checklist:

- spelling
- capital letters
- punctuation

4 Now your review is ready to be published. You can:

- submit it to the school paper or Spanish club
- include it in a pamphlet about local restaurants entitled *Los mejores restaurantes de la ciudad*
- add it to your writing portfolio

¿Con qué se hacen las tortillas?

En España hacen paella. ¿Sabes con qué se hace?

Resumen del vocabulario

Use the vocabulary from this chapter to help you:

- ask politely to have something brought to you
- order a meal
- say what you ate or drank

to name and discuss foods

el aguacate
el azúcar
el burrito
la carne de res
el chile
el chile con carne
el chile relleno
el chocolate
el churro
la enchilada
el flan
los frijoles refritos
el guacamole
el helado
la mantequilla
el pastel
la pimienta
la quesadilla
la sal
la salsa
el taco
la tortilla de harina / de maíz

to talk about food

a la carta
la especialidad de la casa
de merienda
(no) picante
el plato del día
el plato principal

el postre
  de postre
beber: (yo) bebí
        (tú) bebiste
comer: (yo) comí
        (tú) comiste
¿Con qué se hace(n) ___?
Se hace(n) con ___.
pedir *(e → i)*: (yo) pido
              (tú) pides
servir *(e → i)*: (yo) sirvo
                (tú) sirves
probar *(o → ue)*:
  (yo) he probado
  (tú) has probado
vender

to describe table settings

la cuchara
el cuchillo
el mantel
el platillo
el plato
la servilleta
la taza
el tazón
el tenedor
el vaso

to talk about eating out

el camarero, la camarera
la cuenta
el menú

to express needs

faltar: Me falta(n) ___.
pasar: ¿Me pasas ___?
traer:
  ¿Me trae ___?
  (Le) traigo ___.

to indicate time or frequency

alguna vez
a menudo
en seguida
muchas veces
una vez

to indicate position

debajo de
delante de
detrás de
encima de

other useful expressions

¿Algo más?
lo mismo

Capítulo 13

Para proteger la Tierra

OBJECTIVES

At the end of this chapter, you will be able to:

- describe the natural environment

- list actions to protect the environment

- discuss environmental dangers

- name endangered species in the United States and the Spanish-speaking world and say what can be done to protect them

Mural, San Francisco, California

273

¡Piénsalo bien!

Look at these photographs. What do you see that is
similar to the environmental efforts in your community?
What do you think the words *reciclar* and *proteger* mean?
What do you think a *centro de reciclaje* is?

YO APOYO
LA ACCION
ECOLOGICA
EN CHILE
eco
今日

VOLUNTARIO

ASCONA

ASOC. COSTARRICENSE
PARA LA CONSERVACION
DE LA NATURALEZA

Un centro de reciclaje en Puerto Rico

"Es importante reciclar para proteger la Tierra."

Esta familia planta tomates en un jardín comunal de Agua Prieta, México.

¿Hay jardines comunales donde tú vives?

Una piscina pública en El Salvador

Es posible usar la naturaleza y protegerla a la vez. ¿Qué crees tú?

Vocabulario para conversar

¿Cómo podemos conservar energía?

- As your teacher names various objects and materials, show your partner the appropriate pictures.
- As your teacher names various materials, make a thumbs up sign if you think that it's biodegradable and a thumbs down sign if you think that it isn't.
- As your teacher reads the names of various objects and materials, say *sí* if your school recycles it and *no* if it doesn't.

la botella de plástico (el plástico)

el cartón

la botella de vidrio (el vidrio)

la guía telefónica

la lata de aluminio (el aluminio)

montar en bicicleta

el abrigo de piel (la piel)

la luz, *pl.* las luces

la madera

la revista

el periódico

¡No olvides!

Remember that in the preterite the *yo* form of *-gar* verbs ends in *-gué*: *apagué*. Other *-gar* verbs that you know are *jugar*, *llegar*, and *pagar*.

También necesitas . . .

apagar	*to turn off*
proteger: (yo) protejo*	*to protect: I protect*
(tú) proteges	*you protect*
el medio ambiente	*environment*
la gente	*people*
saber: (yo) sé	*to know: I know*
(tú) sabes	*you know*
(No) hay que ___ .	*It's (not) necessary to___.*
(No) vale la pena.	*It's (not) worth it.*
a la vez	*at the same time*

¿Y qué quiere decir . . . ?
conservar
reciclar
reducir: (yo) reduzco†
(tú) reduces
separar
usar
la energía

Proteger is a regular *-er* verb with a spelling change in the *yo* form of the present tense: *protejo*.
†*Reducir* is a regular *-ir* verb in the present tense, except for the *yo* form: *reduzco*.

Empecemos a conversar

Túrnate con un(a) compañero(a) para ser *Estudiante A* y *Estudiante B*.
Reemplacen las palabras subrayadas con palabras representadas
o escritas en los recuadros. 🔅 quiere decir que puedes escoger
tu propia respuesta.

1
    A —*¿Vale la pena reciclar <u>papel</u>?*
    B —*¡<u>Claro que sí/no</u>!*

Estudiante A   Estudiante B

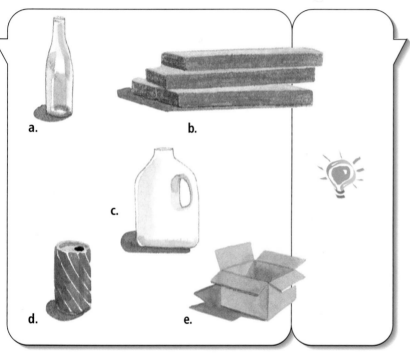

a.   b.

c.

d.   e.

¡No olvides!

You know that *una hoja de papel* means "a sheet of paper." *El papel* is the term for "paper" in general.

2   reducir
      la basura
     A —*¿Cómo puedo <u>reducir la basura</u>?*
     B —*Puedes <u>reciclar latas y botellas</u>.*

Estudiante A   Estudiante B

a. conservar agua
b. proteger el medio ambiente
c. conservar energía

reciclar latas y botellas
apagar las luces
usar menos agua en el baño
usar menos el coche

lavar muchos platos a la vez
montar más en bicicleta

3 reciclar las
botellas de
plástico

A —*Hay que* <u>*reciclar las botellas de plástico*</u>*,*
  ¿verdad?

B —<u>*Sí, hay que reciclarlas.*</u>

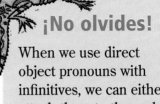

¡No olvides!

When we use direct
object pronouns with
infinitives, we can either
attach them to the end of
the infinitive or put them
before the main verb.
When we use *hay que,*
direct object pronouns
must be attached to the
infinitive.

Estudiante A

a. reducir la basura

b. usar bicicletas todo
   el tiempo

c. reciclar los periódicos
   y las revistas

d. leer menos periódicos

e. separar la basura

f. usar menos platos y vasos
   de cartón

g. reciclar toda la basura

h. conservar el agua

Estudiante B

No, no es necesario.

Sí, hay que ___.

No, no hay que ___.

Creo que sí.

Creo que no.

No sé.

4

A —*¿Sabes si podemos reciclar* <u>*las guías telefónicas*</u>
  en nuestra comunidad?

B —<u>*Sí, las podemos reciclar.*</u>
  o: *No, no podemos reciclarlas.*
  o: *No sé.*

Estudiante A   **Estudiante B**

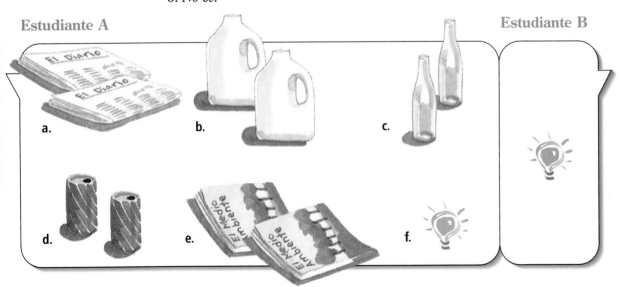

a.   b.   c.

d.   e.   f.

Empecemos a leer y a escribir

Responde en español.

1 Lee estas listas de los artículos reciclables y no reciclables en
la ciudad de Nueva York.

Estos artículos **sí** son reciclables

✔ Envases de leche y jugo, cajitas de bebidas

✔ Botellas, jarras o recipientes de comida de plástico
(de leche, yogur, limpiadores o productos de higiene personal)
✔ Cubiertos de plástico
(cuchillos, tenedores, cucharas)
✔ Platos, tazones, tazas o bandejas de horno microondas de plástico
✔ Recipientes de poliestireno transparentes
(de comidas para llevar/de ensaladas, bandejas de galletas o bandejas de carne)

✔ Botellas de vidrio
(de jugo, refresco, etc.)
✔ Envases de vidrio
(de mayonesa, mermelada, etc.)

✔ Latas
(de atún, sopa, comida de animales domésticos, etc.)

✔ Papel y bandejas de aluminio
(bandejas de tortas, recipientes de comida para llevar, etc.)

Estos artículos **no** son reciclables

✘ Las pajitas que vienen con las cajitas de bebidas

✘ Pañales desechables

✘ Electrodomésticos (radios, relojes, secadores de pelo)

✘ Envases de aerosoles y atomizadores

✘ Latas de pintura o envases de productos químicos

✘ Objetos de cerámica

✘ Bombillas
✘ Espejos
✘ Vidrio de ventanas

MORE PRACTICE

- Practice Workbook 13–1, 13–2

Imagina que tu hermano(a) menor te escribió esta nota. Escríbele una respuesta.

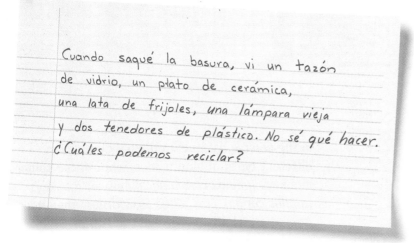

Cuando saqué la basura, vi un tazón de vidrio, un plato de cerámica, una lata de frijoles, una lámpara vieja y dos tenedores de plástico. No sé qué hacer. ¿Cuáles podemos reciclar?

andar en bicicleta

2 ¿Cómo vas a la escuela? ¿En bicicleta? ¿En autobús? ¿A pie? ¿En coche? ¿Por qué?

3 ¿Qué puedes hacer con libros que ya no usas? ¿Con ropa que ya no te queda bien?

4 ¿Piensas que la gente debe comprar abrigos de piel o no? ¿Por qué?

5 En tu comunidad o en tu escuela, ¿qué debe reciclar la gente que ahora no recicla?

la guía de teléfonos
el directorio
el listín

Un cartel en Santo Domingo, República Dominicana

Perspectiva CULTURAL

Mira las fotos. ¿En qué parte de las Américas se sacaron? ¿Qué te ayuda a identificar el lugar?

Costa Rica is a diverse land of mountains, rivers, volcanoes, forests, and valleys bounded by the Pacific Ocean on the west and the Caribbean Sea on the east. It is about half the size of the state of Virginia.

Costa Rica has made extraordinary efforts to protect its natural resources. It has many national parks and reserves where endangered species of plants and animals are protected. Even more important, their habitats are also protected: several kinds of rain forests (including some that *don't* get a lot of rain and some that are constantly foggy), mangrove swamps (marshy areas with trees whose root systems grow above the ground), and lakes. Costa Rica has also preserved areas of historical and archaeological interest, such as battle sites, pre-Columbian settlements, and areas of great scenic beauty, such as beaches and waterfalls.

El Parque Nacional Tortuguero on Costa Rica's northeast coast is critical for the protection of sea turtles *(tortugas marinas)* because so many of them lay their eggs there. Also found in the diverse habitats in the park are seven different types of land turtles, white-faced spider monkeys *(monos cara blanca)*, howler monkeys *(monos congo)*, crocodiles *(cocodrilos)*, manatees *(manatíes)*, sloths *(perezosos)*, over 300 species of birds, and many kinds of butterflies *(mariposas)*. The southern end of the park features canals, winding rivers, and hidden lagoons. Tourists can take a boat through these waterways to get a firsthand look at the natural wonders. In the dense surrounding jungle, trees entwined with orchids may be close to 200 feet tall. (Scientists in Costa Rica have recorded 1,500 species of orchids!)

The people of Costa Rica are working hard to encourage economic growth while preserving the incredible variety of plants and animals that abound there.

Un árbol brota en una playa costarricense. ¿Sabes que el coco es la semilla más grande del mundo?

El Volcán Arenal, Costa Rica

La cultura desde tu perspectiva

1 Why do you think Costa Rica has invested so much effort to preserve its plants and animals and their habitats?

2 Do you think the flora and fauna of the United States are also threatened? If so, in what way?

Cultural Activity www.pasoapaso.com

Impatiens—flores de la selva—son muy populares hoy en los Estados Unidos.

Vocabulario para conversar

¿Por qué está en peligro la Tierra?

- As your teacher names the animals, show your partner the appropriate pictures.
- As your teacher says *el aire / la tierra / el océano*, show your partner an animal that lives there.
- As your teacher names the animals, say *sí* if you think that animal is endangered and *no* if you think it isn't.

Es el Día de la Tierra.
Hay que protegerla.

la ballena

el océano

el aire

el pájaro

la fábrica

el árbol

la Tierra

el caballo

la vaca

el transporte público

la flor

la planta

Los animales

la serpiente

el elefante

el gorila

el tigre

el lobo

el oso

el jaguar

También necesitas . . .

la amenaza	*threat*
la naturaleza	*nature*
el peligro	*danger*
formar parte de	*to be a part of*
decir: (yo) digo	*to say: I say*
(tú) dices	*you say*
hacer: hizo	*he / she did; he / she made*
por supuesto	*of course*

¿Y qué quiere decir . . . ?
en peligro de extinción
el centro de reciclaje
el reciclaje
contaminado, -a
puro, -a

Empecemos a conversar

1   A —*¿Qué es una amenaza para <u>la Tierra</u>?*
           B —*<u>La gente</u>.*

Estudiante A   **Estudiante B**

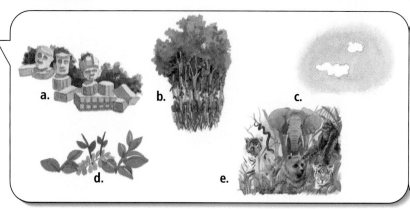

a.   b.   c.   d.   e.

el agua contaminada
el aire contaminado
los coches
las ciudades
las fábricas
la gente

2   A —*<u>¿El aire</u> forma parte de la naturaleza?*
           B —*<u>Sí</u>, <u>por supuesto</u>.*
               o:

           A —*<u>¿Los coches</u> forman parte de la naturaleza?*
           B —*<u>No</u>. <u>Los hizo la gente</u>.*

Estudiante A   **Estudiante B**

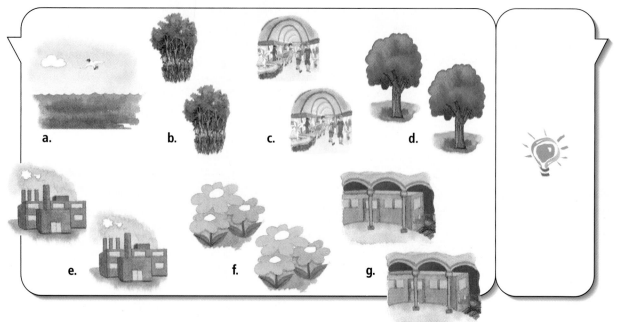

a.   b.   c.   d.

e.   f.   g.

3

A —¿Están en peligro de extinción <u>los osos</u>?
B —<u>Creo que sí / no</u>.
   o: *No sé.*

Estudiante A   **Estudiante B**

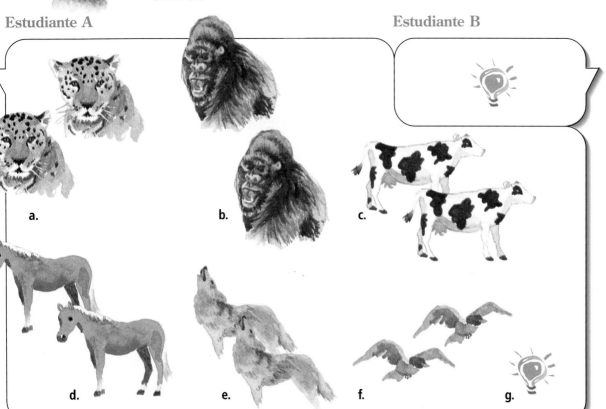

a.

b.

c.

d.

e.

f.

g.

Empecemos a leer y a escribir

Responde en español.

1 Escoge *(Choose)* una de estas frases ecológicas. Escribe si estás de acuerdo o no y por qué. Luego, trabaja en grupo para escribir otra frase ecológica.

"La salud humana es un reflejo de la salud de la Tierra."
—HERÁCLITO DE ÉFESO, filósofo de la Grecia Antigua

"¿Cómo no ser violentos con la naturaleza cuando lo somos los unos con los otros?"
—MAHATMA GANDHI, patriota y filósofo hindú (1869–1948)

"Dime cómo vives y te digo lo que destruyes."
—ANÓNIMO

2 En tu opinión, ¿hay suficiente transporte público en tu comunidad? ¿De qué clase? ¿Usa la gente de tu comunidad el transporte público? ¿Por qué sí o por qué no?

3 ¿Cuántos parques con árboles y flores hay en tu comunidad? ¿Dónde están? ¿Los usan los jóvenes? ¿Qué hacen allí? ¿Y los usan los adultos? ¿Qué hacen ellos?

4 ¿Piensas que está en peligro la naturaleza del lugar donde vives? ¿Cuáles son las amenazas? ¿El agua de tu comunidad está contaminada o es pura? ¿Y el aire?

5 ¿Hay un centro de reciclaje en tu comunidad? ¿Cómo es?

YO PROTEJO EL MEDIO AMBIENTE

EN MI CASA USAMOS ENERGÍA LIMPIA DE GASCO

Vocabulary Practice www.pasoapaso.com

MORE PRACTICE

- Practice Workbook 13–3, 13–4

Mangos

**la culebra
la víbora**

Una de las más de 1.500 clases
de orquídeas de Costa Rica

COMUNIQUEMOS

Aquí hay otra oportunidad para usar el vocabulario de este capítulo.

1   Habla de los animales con tu compañero(a). ¿Cuáles están en peligro de extinción? ¿Por qué? ¿Qué hay que hacer para protegerlos?

A   —*¿Están en peligro de extinción las ballenas?*
B   —*Creo que sí, porque los océanos están contaminados.*
A   —*. . .*

2   ¿Qué deben hacer los jóvenes para proteger el medio ambiente? Observa bien este dibujo. Trabaja con un(a) compañero(a).

Deben proteger las flores . . . No deben . . .

3 ¿Cómo piensas reciclar estas cosas viejas? Habla con un(a) compañero(a).

A —*¿Qué piensas hacer con ese vaso viejo?*
B —*Voy a usarlo para poner lápices.*

✔ Ahora lo sabes

Using what you have learned so far, can you:

- **describe the natural environment?**

- **describe our responsibilities to the environment?**

- **tell ways to protect the environment?**

Conexiones

Estas actividades sirven de unión entre el español y las otras materias que estudias.

Áreas protegidas

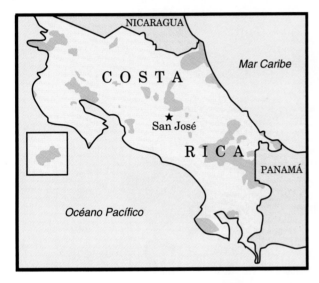

Look at the map of Costa Rica. Protected areas (national parks, wildlife refuges, and reserves) are shown in green. Estimate what percentage of the total area of the country you think is protected.

Look at this table comparing Costa Rica's protected areas to the total area of the country, and, in a group, follow these steps:

• Calculate the percentage of the total area in square miles that is protected.

• Compare the answers to your estimate.

Copy the table and add these figures for the state of California: protected areas (national parks), 3,268 square miles; total area, 158,706 square miles. Then follow these steps with your group:

• Calculate the percentage of protected areas to total area.

• Compare that percentage to the percentage for Costa Rica.

Find out the total area of your state or a neighboring state in square miles. Then find out the total area of protected areas. Calculate the percentage of protected areas to the total area. Choose a member of your group to report to the class. Use sentences such as these:

El área total del estado de ___ es de (número) millas cuadradas.

Las áreas protegidas representan (número) millas cuadradas.

El porcentaje de áreas protegidas es de (número) por ciento.

Costa Rica protege más/menos de su área total que el estado de ___.

País o Estado	Áreas protegidas	Área total
Costa Rica	4.459 millas cuadradas	19.652 millas cuadradas

 ¿Qué tipo de animal es?

Look at this chart of the kinds of vertebrate animals (animals that have a backbone).

Aves	Mamíferos	Peces	Reptiles

Copy the chart and, with a partner, write the names of these animals that you know in the correct columns.

la ballena   el gorila   el perro
el caballo   la iguana   el salmón
el canario   el jaguar   la serpiente
el elefante   el lobo   el tigre
el gato   el oso   la vaca

How would you classify these animals?

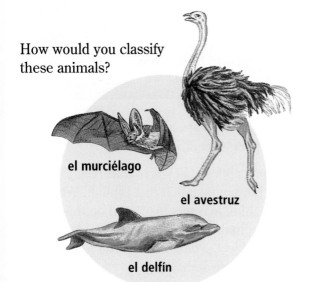

el murciélago

el avestruz

el delfín

To help you classify the animals, these are some of the characteristics of the animal categories.

Las aves

vuelan (volar)   tienen plumas

Los mamíferos

alimentan a sus hijos con leche   son de sangre caliente

Los peces

tienen escamas   viven en el agua

Los reptiles

tienen patas cortas o no tienen patas   son de sangre fría

Gramática en contexto

This is a poster at the entrance to a national park. What kind of advice is Luis el Lobo giving?

LUIS EL LOBO DICE . . .

Usa los senderos para no destruir ni las flores ni las plantas.

Pide permiso a un guarda forestal si quieres hacer un fuego.

Apaga el fuego cuando vas a salir del campamento.

Lleva contigo toda la basura cuando sales del bosque.

Pon la basura en un basurero y tápalo.

Protege el bosque. Forma parte de nuestro medio ambiente.

YO SÉ QUE PODEMOS PROTEGER Y CUIDAR EL BOSQUE CON TU AYUDA.

A Show a partner a form of *decir* used in the poster. Based on what you know about verbs that change their stem from *e* to *i*, write down what you think the *Uds./ellos/ellas* form of *decir* might be. What do you think the *nosotros* form might be?

B Look at the first word in each caption. What do you think each one means? What other form of the verb are all except one identical to? Which one is different?

C Find the caption that starts with *Pon. Tápalo* is another command in that caption. What do you think *lo* refers to? Based on this example, make a rule for where to place a direct object pronoun when you tell someone to do something.

El verbo *decir*

The verb *decir* means "to say" or "to tell." Here are all of its present-tense forms.

(yo)	**digo**	(nosotros) (nosotras)	**decimos**
(tú)	**dices**	(vosotros) (vosotras)	**decís**
(Ud.) (él) (ella)	**dice**	(Uds.) (ellos) (ellas)	**dicen**

• Notice that the *e* of the stem changes to *i* in all forms except *nosotros* and *vosotros*.

1 Based on the chart above, which subjects on the left go with the sentences on the right?

a. Los científicos   Dices que reciclas el cartón, ¿verdad?
b. Mis amigos y yo   Dice que hay que apagar las luces.
c. La gente   Digo que vale la pena reciclar las botellas.
d. yo   Dicen que las ballenas están en peligro.
e. tú   Decimos que debemos montar en bicicleta.

2 Túrnate con un(a) compañero(a) para decir cuál es la opinión de la gente.

Los médicos

Los médicos dicen que el aire contaminado no es bueno para la salud.

a. La gente   las fábricas
b. Los profesores   el aire contaminado
c. Mis amigos(as)   el mayor peligro
d. Nosotros, los estudiantes   el transporte público
e. Los médicos   los abrigos de piel
f. Nadie   el agua pura
g. yo   las botellas de ___
    los periódicos y las guías telefónicas

¡No olvides!

Remember that we must use *que* after *decir: Dice que...*, *dicen que...*.

3 Ahora túrnate con un(a) compañero(a) para decir la opinión de la gente sobre lo que es necesario o importante.

La gente

La gente dice que hay que reducir la basura.

a. El (la) profesor(a) de español
b. El Presidente de los Estados Unidos
c. Mis padres
d. Nosotros, los estudiantes
e. yo
f.

(no) tenemos que
(no) vale la pena
(no) hay que
(no) debemos
(no) necesitamos

El mandato afirmativo *(tú)*

When you tell someone to do something, you are giving an affirmative command. Here are some affirmative commands you might give to a person you address as *tú*.

> Linda, **separa** la basura.
> Jaime, **protege** las plantas.
> Margarita, **pide** helado.

• Command forms are usually the same forms that we use for *Ud./él/ella* in the present tense.

AFFIRMATIVE COMMAND	PRESENT TENSE
Linda, **separa** la basura, por favor.	Linda separa la basura.
Jaime, **protege** las plantas, por favor.	Jaime protege las plantas.
Margarita, **pide** helado, por favor.	Margarita pide helado.

• Certain verbs, such as *decir, hacer,* and *poner,* have irregular command forms:

> Gloria, **di** lo que sabes.
> David, **haz** la cama.
> Mario, **pon** las revistas en la mesa.

¡No olvides!

Remember that the *Ud./él/ella* present-tense forms of *decir, hacer,* and *poner* are *dice, hace,* and *pone.*
Gloria *dice* lo que sabe.
David *hace* la cama.
Mario *pone* las revistas en la mesa.

4 Using the information on page 296, decide which verb forms are affirmative *tú* commands.

a. pones	e. dices	i. pide	m. bebe
b. haz	f. pon	j. empieza	n. quedas
c. hablas	g. haces	k. comes	o. juega
d. di	h. habla	l. vive	p. escuchas

• Object pronouns are attached to the end of affirmative commands. When a pronoun is attached to a command that has two or more syllables, we add an accent mark to show that the stress stays on the same vowel.

—¿Qué debo hacer con el cartón y los periódicos?
—**Recíclalos**, por favor.

When a pronoun is attached to a one-syllable command, no accent mark is necessary.

Dime qué piensas.

5 Look at these commands. If you added an object pronoun to them, which ones would need an accent mark? Where would the accent mark go?

a. Haz	i. Bebe
b. Pon	j. Corta
c. Pide	k. Practica
d. Protege	l. Lee
e. Saca	m. Sirve
f. Cierra	n. Compra
g. Reduce	o. Apaga
h. Di	p. Prueba

En Buenos Aires, una muchacha pequeña ayuda a limpiar la ciudad.

6 Tus amigos tienen un problema y te piden un consejo (*advice*).
Usa el mandato del verbo de la lista para contestarles.

A —*Tengo mucho calor.*
B —*Pues, abre la ventana.*

a. Me duele mucho la garganta. dormir un poco
b. Tengo mucho sueño. hacer ejercicio
c. Me lastimé la pierna ayer. comprar unas pastillas
d. Quiero ser mejor deportista. beber jugo de naranja
e. Tengo resfriado. llamar a la clínica
f. Tengo gripe y quiero ver al médico. descansar
g. 🔅

7 En grupos pequeños, túrnate con tus compañeros para dar mandatos.
El estudiante indicado debe hacer la acción. Puedes usar los dibujos
como referencia.

Miguel, apaga la luz.

8 Escoge de la lista por lo menos tres cosas que te gustaría hacer. Tu compañero(a) te va a decir qué hacer.

A —*Me gustaría traer mi perro a la escuela.*
B —*Pues, tráelo.*

a. llevar ___ en la escuela
b. explorar ___
c. dibujar ___ en la pizarra
d. visitar a ___ en ___
e. leer ___

f. comer carne de ___
g. sacar ___
h. ver ___
i.

MORE PRACTICE

• Practice Workbook 13–5, 13–8

9 ¿Qué puedes hacer tú para proteger el medio ambiente? Tu compañero(a) va a decirte tres cosas que puedes hacer.

A —*¿Qué puedo hacer para proteger el medio ambiente?*
B —*Primero, recicla . . .*
    Segundo, . . .
    Tercero, . . .

Las cataratas de Iguazú, Argentina

Perspectiva CULTURAL

Muchas especies de plantas y animales están en peligro de extinción. Otras ya están extintas.

Does anything seem unusual about the animals in these photographs? Explain. What clues do the captions give you about the part of the world they live in?

Can you imagine a three-foot-tall owl or a bird as small as a bee? The giant owl is long extinct, but the *zunzún*, the smallest bird in the world, still lives in Cuba, although it is endangered.

The *Greta cubana* is a very beautiful butterfly with transparent wings. Like the *zunzún*, it lives only in Cuba, and, like so many other species around the world, it is also endangered.

Another very unusual animal from Cuba is the *almiquí*. It has furry feet like a rabbit, the tail of a mouse, and a long snout like an opossum. It is an insect-eating animal about the size of a cat, and one of the few remaining native mammals of Cuba. Catching sight of an *almiquí* is really difficult because there are so few of them left.

Why are these species disappearing? It's a long process that started with the first human settlements in Cuba about 7,000 years ago. People's need for land decreased the size of the animals' habitats. In recent years, more species have become endangered because of population growth and the redevelopment of the tourist industry, which has become important to the Cuban economy.

Learning about these species has been a group effort. A team of Cuban scientists from the *Museo Nacional de Historia Natural* and U.S. scientists from the American Museum of Natural History in New York have been researching Cuban animal and plant life. This project is an example of how people around the world are pooling their efforts to study the environment and preserve its biological wonders.

Almiquí

Greta cubana

El zunzún, el pájaro más pequeño del mundo

La cultura desde tu perspectiva

1 What endangered species in the United States do you know about? Are the threats facing them similar to or different from the threats facing endangered species in Cuba? Explain.

2 How might knowing each other's languages and cultures help experts in Latin America and the United States solve problems more effectively? What problems besides endangered species do you think could be solved by cooperation between the United States and Latin America?

Este animal, de casi 3 pies de alto, está extinto desde hace más de 7.000 años.

Cultural Activity
www.pasoapaso.com

Perspectiva cultural   301

Gramática en contexto

Look at the cartoon and read the speech balloons. Who is the main character? What do you think his name means?

A Find all the places in the cartoon where the word *sabes* occurs. What subject pronoun goes with *sabes?* Why do you think so? What do you think the *Ud./él/ella* form of the verb is?

B Now read Sabelotodo's answers. What two words do all of his answers have in common? On a piece of paper write all the forms of the verb *saber* that you know or think you can figure out.

El verbo *saber*

We use the verb *saber* ("to know") to talk about knowing facts or information. Here are all of its present-tense forms.

(yo)	**sé**	(nosotros) (nosotras)	**sabemos**
(tú)	**sabes**	(vosotros) (vosotras)	**sabéis**
(Ud.) (él) (ella)	**sabe**	(Uds.) (ellos) (ellas)	**saben**

- *Saber* follows the pattern of regular *-er* verbs except for the *yo* form: *sé.*

- When *saber* is immediately followed by the infinitive, it means "to know how":

    Mi amigo **sabe tocar** la guitarra muy bien.

1 Using the chart above, decide which form of the verb *saber* would be used:

   a. to talk about what one person knows
   b. to talk about what more than one person knows
   c. to talk about what you know
   d. to talk about what you and a friend know
   e. to ask a friend what he or she knows

2 Pregúntale a un(a) compañero(a) si sabe cómo podemos proteger la Tierra. Pregunta y contesta con elementos de las dos columnas.

A —*¿Sabes cómo podemos reducir la basura?*
B —*Sí, lo sé. Debemos reciclar revistas y periódicos.*
    o: *No. No sé.*

reducir . . .	usar (más/menos) . . .
conservar . . .	no usar . . .
proteger . . .	reciclar . . .
	apagar . . .
	separar . . .
	comprar . . .

3 Pregúntale a tu compañero(a) si él (ella) sabe hacer estas cosas.
Tu compañero(a) también debe hablar de otras personas.

A —¿Sabes jugar tenis?
B —Sí, sé jugar tenis bien. Mi amiga
Gloria también sabe.
o: No, yo no sé jugar tenis, pero mis
hermanas sí saben.

MORE PRACTICE

Practice Workbook 13–9, 13–10

a.

b.

c.

d.

e.

f.

g.

En Costa Rica, los deportes acuáticos son muy populares.

TODO JUNTO

Para decir más

Aquí tienes vocabulario adicional que te puede ayudar para hacer las actividades de esta sección.

el recipiente
recycling bin

Esta sección te ofrece la oportunidad de aumentar tus conocimientos de español al integrar lo que aprendiste en este capítulo con lo que aprendiste en capítulos anteriores.

1 ¡Visita las ruinas!

Prepara un cartel turístico con fotos o dibujos de un lugar que te gustaría visitar. Usa mandatos para decirle al turista lo que debe hacer. Puedes incluir esta información:

- qué lugar visitar y cuándo
- qué hacer en ese lugar
- cómo llegar
- qué comprar
- qué llevar
- de qué sacar fotos

Prepara una presentación oral sobre el cartel para la clase.

2 El centro de reciclaje

En grupo, escribe en 15 tarjetas los nombres de 15 objetos diferentes que desechas *(discard)* en casa o en la escuela. Pon todas las tarjetas boca abajo *(face down)*. Túrnate con tus compañeros para escoger una tarjeta y preguntar en qué recipiente se debe poner ese objeto. Por ejemplo:

—*José, ¿dónde pongo la guía telefónica?*
—*Ponla en el recipiente para papel.*

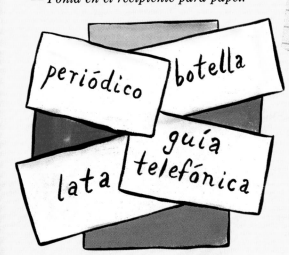

3 Lo que sabes hacer

En grupos pequeños, escribe dos cosas que tú sabes hacer y que crees que nadie más en tu grupo sabe hacer. Luego cada persona va a decir lo que sabe hacer y va a preguntar a los otros del grupo si lo saben hacer. Después cada grupo va a reportar a la clase lo que las personas del grupo saben o no saben hacer.

Yo sé	Martín sabe.../ no sabe...	Sara sabe.../ no sabe...

✔ Ahora lo sabes

Using what you have learned so far, can you:

- **report what people say?**

- **tell a friend, a family member, or a child what to do?**

- **say what people know or know how to do?**

¡Vamos a leer!

Antes de leer

STRATEGY ➤ **Using prior knowledge**

How can you help protect the environment from your own home? With a partner, make a list of five things in English.

Mira la lectura

STRATEGY ➤ **Scanning**

Read the selection quickly to see how many of the ideas on your list are in it. Check off the ones that are.

Infórmate

STRATEGIES ➤ **Understanding suffixes**

Reading for details

1 Suffixes are word parts that have meaning but are not words by themselves. For example: *-mente*. The suffix *-mente* (-ly in English) is used to change an adjective to an adverb. Notice that when we add *-mente* to an adjective, we use the *feminine* form of the adjective. For example:

- puntual + mente = puntualmente
- artística + mente = artísticamente

Find an adverb ending in *-mente* in the selection, and tell a partner how it was formed.

You already know the meaning of *lavar*. The suffix *-able* adds the same meaning in Spanish as it does in English, so what do you think the word *lavable* means? What about *pagable*? And *durable*?

Find an adjective ending in *-able* in the selection, tell your partner what you think it means, and how you think it was formed.

2 Read the selection again and divide the suggestions made in it into three lists: those that are easy for you, those that are difficult for you, and those that don't apply to you. Compare your list with a partner's.

Es fácil para mí.	Es difícil para mí.	No me corresponde.

Aplicación

Make new words by adding the ending *-mente* to these adjectives. Then use one of the words in a sentence about how you protect the environment. For example: *Reciclo cartón regularmente.*

- frecuente
- rara
- general
- regular

Protege el medio ambiente desde tu propia casa

¿Qué puedes hacer desde tu propia casa?

- Conserva agua.

- No tales árboles innecesariamente.

- Conserva energía. No uses innecesariamente electricidad ni gasolina.

- Conserva limpios los lugares públicos y privados: calles, parques, plazas, playas, etc.

Hay que proteger la naturaleza

Animales en peligro

LAS SELVAS DEL FUTURO

- Infórmate sobre las campañas ecológicas de tu comunidad.

- Compra alimentos y otros productos envasados en materiales reciclables.

Las ballenas: ¿Valen la pena?

- Lee artículos o ve programas de televisión sobre el medio ambiente.

- Consume productos naturales que no contengan demasiadas sustancias químicas alterantes.

- Usa sólo productos que no dañarán la capa de ozono.

¡Vamos a escribir!

A concrete poem is a poem written in the shape of the thing it is about. This is a concrete poem about a tree. Write a concrete poem about something you learned about in this chapter.

árbol

bonito   bueno
alto   verde
recicla
ayuda
protege
árbol

(noun)
(adjective) / (adjective)
(adjective) / (adjective)
(verb)
(verb)
(verb)
(noun)

1 Think about the animals, things, and places that you learned about in this chapter. Choose one that you particularly like. Make a word web of concepts associated with it.

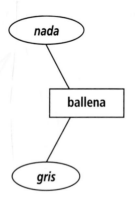

nada

ballena

gris

2 Use your word web to write a first draft of your poem. Show it to a partner and ask for suggestions. Decide on the changes you want to make. Then rewrite your poem.

3 Check your poem using the following checklist:

- spelling
- agreement of adjectives with nouns
- correct verb endings

4 You can share your poem by doing these things.

- submitting it to the school newspaper or literary magazine
- including it in a collection of class poems called *La naturaleza*
- adding it to your writing portfolio

Resumen del vocabulario

Use the vocabulary from this chapter to help you:
- **describe the natural environment**
- **list actions to protect the environment**
- **discuss environmental dangers**

to discuss conservation
el reciclaje
el centro de reciclaje
la luz, *pl.* las luces
apagar
conservar
proteger *(g → j):*
  (yo) protejo
  (tú) proteges
reciclar
reducir *(c → zc):*
  (yo) reduzco
  (tú) reduces
separar
usar

to name items that can be recycled
el aluminio
la botella
el cartón
la energía
la guía telefónica
la lata
la madera
el periódico
el plástico
la revista
el vidrio

to discuss animals
el animal
la ballena
el caballo
el elefante
el gorila
el jaguar
el lobo
el oso
el pájaro
la serpiente
el tigre
la vaca
la piel

to discuss nature and the environment
el aire
el árbol
la flor
el medio ambiente
la naturaleza
el océano
la planta
la Tierra

to describe environmental dangers
la amenaza
la fábrica
el peligro
  en peligro de extinción
contaminado, -a
puro, -a

to discuss transportation
montar en bicicleta
el transporte público

to discuss everyday activities
decir: (yo) digo
       (tú) dices
hacer: (Ud. / él / ella) hizo
saber: (yo) sé
       (tú) sabes

to state an opinion
(No) hay que ___.
(No) vale la pena ___.

other useful terms and expressions
formar parte de
la gente
a la vez
por supuesto

www.pasoapaso.com
Self Test

Sección de consulta

Los verbos

INFINITIVE	PRESENT		PRETERITE	
Regular Verbs				
estudiar	estudio	estudiamos	estudié	estudiamos
	estudias	estudiáis	estudiaste	estudiasteis
	estudia	estudian	estudió	estudiaron
comer	como	comemos	comí	comimos
	comes	coméis	comiste	comisteis
	come	comen	comió	comieron
vivir	vivo	vivimos	viví	vivimos
	vives	vivís	viviste	vivisteis
	vive	viven	vivió	vivieron

Stem-Changing Verbs

(You will learn the verb forms that are in italic type next year.)

INFINITIVE	PRESENT		PRETERITE	
cerrar (e → ie)	cierro	cerramos	cerré	cerramos
	cierras	cerráis	cerraste	cerrasteis
	cierra	cierran	cerró	cerraron
costar (o → ue)	cuesta	cuestan	costó	costaron
doler (o → ue)	duele	duelen	dolió	dolieron
dormir (o → ue)	duermo	dormimos	dormí	dormimos
	duermes	dormís	dormiste	dormisteis
	duerme	duermen	*durmió*	*durmieron*
empezar (e → ie)	See *cerrar.*		*empecé*	empezamos
			empezaste	empezasteis
			empezó	empezaron
jugar (u → ue)	juego	jugamos	jugué	jugamos
	juegas	jugáis	jugaste	jugasteis
	juega	juegan	jugó	jugaron
llover (o → ue)	llueve		llovió	
nevar (e → ie)	nieva		nevó	
pedir (e → i)	pido	pedimos	pedí	pedimos
	pides	pedís	pediste	pedisteis
	pide	piden	*pidió*	*pidieron*
pensar (e → ie)	See *cerrar.*			
poder (o → ue)	See *Irregular Verbs.*			

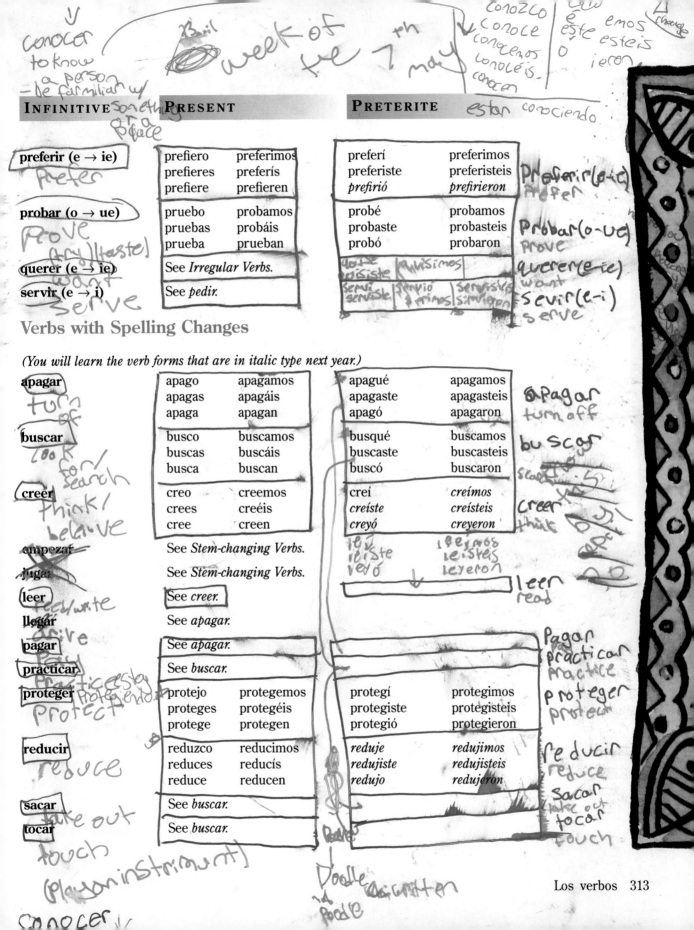

INFINITIVE	PRESENT		PRETERITE	
preferir (e → ie)	prefiero	preferimos	preferí	preferimos
	prefieres	preferís	preferiste	preferisteis
	prefiere	prefieren	*prefirió*	*prefirieron*
probar (o → ue)	pruebo	probamos	probé	probamos
	pruebas	probáis	probaste	probasteis
	prueba	prueban	probó	probaron
querer (e → ie)	See *Irregular Verbs.*			
servir (e → i)	See *pedir.*			

Verbs with Spelling Changes

(You will learn the verb forms that are in italic type next year.)

	PRESENT		PRETERITE	
apagar	apago	apagamos	apagué	apagamos
	apagas	apagáis	apagaste	apagasteis
	apaga	apagan	apagó	apagaron
buscar	busco	buscamos	busqué	buscamos
	buscas	buscáis	buscaste	buscasteis
	busca	buscan	buscó	buscaron
creer	creo	creemos	creí	*creímos*
	crees	creéis	*creíste*	*creísteis*
	cree	creen	*creyó*	*creyeron*
empezar	See *Stem-changing Verbs.*			
jugar	See *Stem-changing Verbs.*			
leer	See *creer.*			
llegar	See *apagar.*			
pagar	See *apagar.*			
practicar	See *buscar.*			
proteger	protejo	protegemos	protegí	protegimos
	proteges	protegéis	protegiste	protegisteis
	protege	protegen	protegió	protegieron
reducir	reduzco	reducimos	*reduje*	*redujimos*
	reduces	reducís	*redujiste*	*redujisteis*
	reduce	reducen	*redujo*	*redujeron*
sacar	See *buscar.*			
tocar	See *buscar.*			

INFINITIVE	PRESENT		PRETERITE	

Irregular Verbs

(You will learn the verb forms that are in italic type next year.)

dar	doy	damos	*di*	*dimos*
	das	dais	*diste*	*disteis*
	da	dan	*dio*	*dieron*
decir	digo	decimos	*dije*	*dijimos*
	dices	decís	*dijiste*	*dijisteis*
	dice	dicen	*dijo*	*dijeron*
estar	estoy	estamos	*estuve*	*estuvimos*
	estás	estáis	*estuviste*	*estuvisteis*
	está	están	*estuvo*	*estuvieron*
hacer	hago	hacemos	hice	*hicimos*
	haces	hacéis	hiciste	*hicisteis*
	hace	hacen	hizo	*hicieron*
ir	voy	vamos	fui	fuimos
	vas	vais	fuiste	fuisteis
	va	van	fue	fueron
poder	puedo	podemos	*pude*	*pudimos*
	puedes	podéis	*pudiste*	*pudisteis*
	puede	pueden	*pudo*	*pudieron*
poner	pongo	ponemos	*puse*	*pusimos*
	pones	ponéis	*pusiste*	*pusisteis*
	pone	ponen	*puso*	*pusieron*
querer	quiero	queremos	*quise*	*quisimos*
	quieres	queréis	*quisiste*	*quisisteis*
	quiere	quieren	*quiso*	*quisieron*
saber	sé	sabemos	*supe*	*supimos*
	sabes	sabéis	*supiste*	*supisteis*
	sabe	saben	*supo*	*supieron*
salir	salgo	salimos	salí	salimos
	sales	salís	saliste	salisteis
	sale	salen	salió	salieron
ser	soy	somos	*fui*	*fuimos*
	eres	sois	*fuiste*	*fuisteis*
	es	son	*fue*	*fueron*
tener	tengo	tenemos	*tuve*	*tuvimos*
	tienes	tenéis	*tuviste*	*tuvisteis*
	tiene	tienen	*tuvo*	*tuvieron*
traer	traigo	traemos	*traje*	*trajimos*
	traes	traéis	*trajiste*	*trajisteis*
	trae	traen	*trajo*	*trajeron*
ver	veo	vemos	vi	vimos
	ves	veis	viste	visteis
	ve	ven	vio	vieron

Los números

0 cero	15 quince	40 cuarenta
1 uno (un), una	16 dieciséis	50 cincuenta
2 dos	17 diecisiete	60 sesenta
3 tres	18 dieciocho	70 setenta
4 cuatro	19 diecinueve	80 ochenta
5 cinco	20 veinte	90 noventa
6 seis	21 veintiuno	100 cien (ciento)
7 siete	22 veintidós	200 doscientos, -as
8 ocho	23 veintitrés	300 trescientos, -as
9 nueve	24 veinticuatro	400 cuatrocientos, -as
10 diez	25 veinticinco	500 quinientos, -as
11 once	26 veintiséis	600 seiscientos, -as
12 doce	27 veintisiete	700 setecientos, -as
13 trece	28 veintiocho	800 ochocientos, -as
14 catorce	29 veintinueve	900 novecientos, -as
	30 treinta	1000 mil

Los días de la semana

lunes	viernes
martes	sábado
miércoles	domingo
jueves	

Los meses del año

enero	julio
febrero	agosto
marzo	septiembre
abril	octubre
mayo	noviembre
junio	diciembre

La hora

¿Qué hora es?

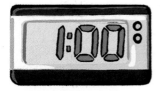

Es la una.

Son las dos.

Son las dos y cuarto.

Son las dos y media.

Son las dos y cuarenta y cinco.

Son las tres.

Los colores

negro, -a

blanco, -a

verde

rojo, -a

anaranjado, -a

amarillo, -a

rosado, -a

morado, -a

gris,
pl. grises

azul, *pl.* azules

marrón,
pl. marrones

Palabras interrogativas

Estudiante A	Estudiante B
¿Cómo?	Bien, gracias. Me llamo . . . Trabajador(a) y amable.
¿Cuál? ¿Cuáles?	Hoy es el 13 de octubre. La clase de español. Las clases de ciencias y de inglés.
¿Cuándo?	Mañana. El lunes. Por la tarde.
¿Cuánto? ¿Cuántos? / ¿Cuántas?	Cien pesos. Mucho. Muchos. / Muchas. Seis.
¿Dónde? ¿Adónde? ¿De dónde?	En la escuela. Aquí. A Madrid. A la escuela. De México. De San Diego.
¿Por qué?	Porque . . .
¿Qué?	Un lápiz. Unos lápices. Estudiar.
¿Quién? ¿Quiénes?	María. / Mi amigo(a). María y Juan. / Mis amigos(as).

VOCABULARIO ESPAÑOL-INGLÉS

The *Vocabulario español-inglés* contains all active vocabulary from PASO A PASO, Books A and B.

The letter A following an entry indicates that the word or expression was presented in Book A. A number indicates the chapter in Book B in which the word or expression is presented.

A dash (—) represents the main entry word. For example, — **más** after **algo** means **algo más.**

The following abbreviations are used: *adj.* (adjective), *dir. obj.* (direct object), *f.* (feminine), *fam.* (familiar), *ind. obj.* (indirect object), *inf.* (infinitive), *m.* (masculine), *pl.* (plural), *prep.* (preposition), *pron.* (pronoun), *sing.* (singular).

a to; at (A)
  a la, al (a + el) to the (A)
el **abrigo** coat (7)
abril April (A)
abrir to open (10)
el **abuelo, la abuela** grandfather, grandmother (A)
los **abuelos** grandparents (A)
aburrido, -a boring (11)
aburrir to bore (11)
el **actor, la actriz** actor, actress (11)
acuerdo: (no) estar de — to (dis)agree (8)
adiós good-by (A)
¿adónde? (to) where? (A)
agosto August (A)
el **agua** *f.* water (A)
el **aguacate** avocado (12)
ahora now (9)
el **aire** air (13)
al *see* **a**
algo something (A)
  — más something / anything else (12)
alguna vez ever (12)
allí there (A)
  — está there it is (A)
el **almacén,** *pl.* **los almacenes** department store (A)
el **almuerzo** lunch (A)
  en el — for lunch (A)
alto, -a tall (A)
el **aluminio** aluminum (13)
amable kind, nice (A)
amarillo, -a yellow (A)
el **ambiente: el medio —** environment (13)

la **amenaza** threat (13)
el **amigo, la amiga** friend (A)
anaranjado, -a orange *(color)* (A)
animado, -a: los dibujos —s cartoon (11)
el **animal** animal (13)
anoche last night (10)
los **anteojos (de sol)** (sun)glasses (7)
antiguo, -a old (8)
antipático, -a unfriendly, unpleasant (A)
el **año** year (A)
  ¿cuántos —s tienes? how old are you? (A)
  tener . . . —s to be . . . years old (A)
  tengo . . . —s I'm . . . years old (A)
el **anuncio** ad (11)
  el — (de televisión) commercial (11)
apagar to turn off (13)
el **apartamento** apartment (8)
aquí here (A)
  — está here it is (A)
  por — around here (A)
el **árbol** tree (13)
la **argolla: la carpeta de —s** three-ring binder (A)
arreglar to clean up (8)
el **arroz** rice (A)
el **arte** art (A)
artístico, -a artistic (A)
asco: ¡qué —! yuk! that's disgusting! (A)
así, así so-so, fair (A)

la **aspiradora** vacuum cleaner (8)
  pasar la — to vacuum (8)
atractivo, -a attractive (A)
atrevido, -a bold, daring (A)
el **autobús,** *pl.* **los autobuses** bus (10)
  la parada del — bus stop (10)
la **avenida** avenue (10)
la **aventura: la película de —s** adventure film (11)
¡ay! ouch! (9)
ayer yesterday (10)
ayudar to help (A)
el **azúcar** sugar (12)
azul, *pl.* **azules** blue (A)

bajo, -a short *(height)* (A)
la **ballena** whale (13)
el **banco** bank (10)
el **baño** bathroom (8)
  el traje de — bathing suit (7)
barato, -a cheap, inexpensive (A)
el **básquetbol** basketball (A)
bastante quite, rather (8)
la **basura** garbage (8)
beber to drink (A)
la **bebida** beverage, drink (A)
el **béisbol** baseball (A)
la **biblioteca** library (10)
la **bicicleta** bicycle (10)
  montar en — to ride a bike (13)
bien well (A)
el **bistec** steak (A)

blanco, -a white (A)
    en — y negro in black and white (11)

la blusa blouse (A)

la boca mouth (9)

el bolígrafo pen (A)

bonito, -a pretty (A)

la bota boot (7)

el bote rowboat (7)
    pasear en — to row (7)

la botella bottle (13)

el brazo arm (9)

el bronceador suntan lotion (7)

bucear to skin-dive (7)

bueno (buen), -a good (A)
    bueno OK, fine, all right (10)

la bufanda muffler, scarf (7)

el burrito burrito (12)

buscar to look for (A)

el caballo horse (13)

la cabeza head (9)
    tener dolor de — to have a headache (9)

el café coffee (A)

el calcetín, *pl.* los calcetines sock (A)

la calculadora calculator (A)

callado, -a quiet (A)

la calle street (10)

el calor:
    hace — it's hot (out) (7)
    tener — to be hot *(person)* (9)

la cama bed (8)

la cámara camera (7)

el camarero, la camarera waiter, waitress (12)

la camisa shirt (A)

la camiseta T-shirt (A)

el campo country(side) (A)

el canal (TV) channel (11)

canoso: pelo — gray hair (A)

cansado, -a tired (A)

cariñoso, -a affectionate, loving (A)

la carne de res beef (12)

caro, -a expensive (A)

la carpeta pocket folder (A)
    la — de argollas three-ring binder (A)

la carta letter (10)
    a la — a la carte (12)

el cartel poster (8)

el cartón cardboard (13)

la casa house (8)
    en — at home (A)
    la especialidad de la — house specialty (12)
    el quehacer (de la —) household chore (8)

casi almost (11)

las cataratas waterfall (7)

la catedral cathedral (7)

castaño: pelo — brown (chestnut) hair (A)

catorce fourteen (A)

la cebolla onion (A)

la cena dinner (A)
    en la — for dinner (A)

el centro center (13)
    el — comercial mall (A)
    el — de reciclaje recycling center (13)

cerca (de) near (8)

el cereal cereal (A)

cero zero (A)

cerrar *(e → ie)* to close (10)

el césped lawn (8)

el champú shampoo (10)

la chaqueta jacket (A)

el chile chili pepper (12)
    el — con carne beef with beans (12)
    el — relleno stuffed pepper (12)

el chocolate hot chocolate (12)

el churro churro (12)

cien one hundred (A)

la ciencia ficción science fiction (11)

las ciencias science (A)
    las — de la salud health (science) (A)
    las — sociales social studies (A)

ciento un(o), -a; ciento dos; etc. 101, 102, etc. (A)

cinco five (A)

cincuenta fifty (A)

el cine movie theater (A)
    ir al — to go to the movies (A)

la ciudad city (7)

claro:
    ¡— que sí! of course! (A)
    ¡— que no! of course not! (A)

la clase (de) class (A); kind, type (11)
    después de las —s after school (A)
    la sala de —s classroom (A)

la clínica clinic (9)

el coche car (8)

la cocina kitchen (8)

cocinar to cook (A)

el color color (A)
    ¿de qué —? what color? (A)
    en —es in color (11)

la comedia comedy, sitcom (11)

el comedor dining room (8)

comer to eat (A)

comercial *see* **centro**

los comestibles groceries (10)

cómico, -a comical (11)

la comida meal, food (A)

¿cómo? how? (A)
    ¿— eres? what are you like? (A)
    ¿— está (Ud.)? how are you? *formal* (A)
    ¿— estás? how are you? *fam.* (A)
    ¿— se dice . . . ? how do you say . . . ? (A)
    ¿— se escribe . . . ? how do you spell . . . ? (A)
    ¿— se llama(n)? what is his/her/their name? (A)
    ¿— te llamas? what's your name? (A)

la cómoda dresser (8)

cómodo, -a comfortable (8)

el compañero, la compañera classmate (A)

comprar to buy (A)
    ¿me compras . . . ? will you buy me . . . ? (10)

compras: ir de — to go shopping (A)

la comunidad community (10)

con with (A)

el concierto concert (11)

conmigo with me (A)

conservar to conserve, to save (13)

contaminado, -a contaminated, polluted (13)

contigo with you (A)

el **correo** post office (10)
cortar to cut, to mow (8)
corto, -a short (A, 11)
  los pantalones **—s** shorts (A)
la **cosa** thing (8)
costar *(o → ue)* to cost (A)
creer to think, to believe (A, 9)
  creo que no I don't think so (A)
  creo que sí I think so (A)
el **cuaderno** spiral notebook (A)
la **cuadra** block (10)
  ¿a cuántas —s (de . . .)? how many blocks (from . . .) (10)
  a + *number* + **—s de . . .** *number* + blocks from . . . (10)
cuadrado, -a square (8)
el **cuadro** picture (8)
¿cuál(es)? what?; which?, which one(s)? (A)
cuando when (7)
¿cuándo? when (A)
¿cuánto? how much? (A)
  ¿— (tiempo) hace que . . . ? how long has/have . . . ? (9)
¿cuántos, -as? how many? (A)
  ¿— años tiene . . . ? how old is . . . ? (A)
  ¿— años tienes? how old are you? (A)
cuarenta forty (A)
cuarto, -a fourth (A)
  y — *(time)* quarter after, quarter past (A)
el **cuarto** room (8)
cuatro four (A)
cuatrocientos, -as four hundred (10)
la **cuchara** spoon (12)
el **cuchillo** knife (12)
el **cuello** neck (9)
la **cuenta** bill, check *(in restaurant)* (12)
el **cuero: de —** (made of) leather (8)
el **cuerpo** body (9)
cuesta(n) it costs (they cost) (A)
el **cumpleaños** birthday (A)
  la tarjeta de — birthday card (10)

dar:
  — + *movie or TV program* to show (11)
  — miedo a to scare (11)
de from; of, **—'s, —s'** (A)
  — + *material* made of (8)
  de la, del (de + el) of the, from the (10)
  — la mañana / la tarde / la noche in the morning / afternoon / evening (11)
  — nada you're welcome (A)
  — postre for dessert (12)
  ¿— veras? really? (A)
deber ought to, should (A)
debajo de under(neath) (12)
decir to say (13)
  ¿cómo se dice . . . ? how do you say . . . ? (A)
  ¡no me digas! really?, you don't say! (A)
  ¿qué quiere — . . . ? what does . . . mean? (A)
  se dice . . . it is said . . . (A)
el **dedo** finger (9)
  — del pie toe (9)
delante de in front of (12)
demasiado too (11)
dentífrica: la pasta — toothpaste (10)
el/la **dentista** dentist (9)
los **deportes** sports (A)
deportista athletic (A)
deportivo, -a: el programa — sports program (11)
depositar to deposit (10)
derecha: a la — (de) to the right (of) (10)
derecho, -a right (9)
el **desayuno** breakfast (A)
  en el — for breakfast (A)
descansar to rest (7)
el **descuento: la tienda de —s** discount store (A)
desear: ¿qué desea Ud.? may I help you? (A)
desordenado, -a messy (A)
después de after (A)
  — las clases after school (A)
el/la **detective: el programa de —s** detective show (11)
detrás (de) behind (10, 12)

devolver *(o → ue)* to return *(something)* (10)
el **día** day (A)
  buenos —s good morning (A)
  el plato del — daily special (12)
  ¿qué — es hoy? what day is it? (A)
  todos los —s every day (A)
dibujar to draw (A)
el **dibujo: los —s animados** cartoons (11)
el **diccionario** dictionary (A)
dice *see* **decir**
diciembre December (A)
diecinueve nineteen (A)
dieciocho eighteen (A)
dieciséis sixteen (A)
diecisiete seventeen (A)
diez ten (A)
difícil difficult, hard (A)
digas: ¡no me —! really?, you don't say! (A)
digo, dices *see* **decir**
el **dinero** money (10)
la **diversión: el parque de diversiones** amusement park (A)
divertido, -a amusing, funny (11)
doce twelve (A)
el **documental** documentary (11)
el **dólar** dollar (A)
doler *(o → ue)* to hurt, to ache (9)
  me duele(n) . . . my . . . hurts (9)
  ¿qué te duele? what hurts? (9)
el **dolor** ache, pain (9)
  tener — de . . . to have a . . . ache (9)
domingo Sunday (A)
  el — on Sunday (A)
donde where (7)
¿dónde? where? (A)
  ¿de — eres? where are you from? (A)
dormir *(o → ue)* to sleep (9)
el **dormitorio** bedroom (8)
dos two (A)
doscientos, -as two hundred (10)

duele(n) *see* **doler**
durar to last (11)

la educación física physical education, gym class (A)
educativo: el programa — educational show (11)
ejercicio: hacer — to exercise (9)
el the *m. sing.* (A)
él he; him *after prep.* (A)
el elefante elephant (13)
ella she; her *after prep.* (A)
ellos, ellas they; them *after prep.* (A)
empezar *(e → ie)* to begin, to start (A)
emocionante exciting, touching (11)
en in, at, on (A)
— + *vehicle* by (10)
encantar to love (A)
    le encanta(n) he/she loves (A)
    me encanta(n) I love (A)
la enchilada enchilada (12)
encima (de) on, on top (of) (12)
la energía energy (13)
enero January (A)
la enfermería nurse's office (9)
enfermo, -a ill, sick (A)
enfrente (de) facing, opposite, in front (of) (10)
la ensalada salad (A)
enseñar to teach (A)
entre between, among (10)
la entrevista: el programa de —s talk show (11)
enviar to send, to mail (10)
el equipo de sonido stereo (8)
eres you *fam.* are (A)
es he / she / it is (A)
escribir: ¿cómo se escribe …? how do you spell …? (A)
el escritorio desk (8)
escuchar to listen (to) (A)
la escuela school (A)
ese, -a; -os, -as that; those (A)
eso: por — that's why, therefore (11)

la espalda back (9)
el español Spanish *(language)* (A)
la especialidad de la casa house specialty (12)
el espejo mirror (8)
esquiar to ski (7)
la esquina corner (10)
la estación, *pl.* **las estaciones** season (A); station (10)
el estadio stadium (10)
estar to be (A)
    aquí/allí está here/there it is (A)
    ¿cómo estás / está Ud.? how are you? (A)
    la sala de — family room (8)
este, -a; -os, -as this; these (A)
el estómago stomach (9)
    tener dolor de — to have a stomachache (9)
el/la estudiante student (A)
estudiar to study (A)
la estufa stove (8)
explorar to explore (7)
extinción: en peligro de — endangered (13)

la fábrica factory (13)
fácil easy (A)
la falda skirt (A)
faltar to be lacking, to need (12)
la familia family (A)
fantástico, -a fantastic (7)
la farmacia drugstore (10)
fascinante fascinating (11)
fascinar to fascinate (11)
febrero February (A)
la fecha date (A)
feo, -a ugly (A)
la fiebre fever (9)
    tener — to have a fever (9)
la fiesta party (A)
el fin *(pl.* **los fines) de semana** weekend (A)
física: la educación — physical education, gym class (A)
el flan flan (12)

la flor flower (13)
formar parte de to be a part of (13)
la foto photo (7)
    sacar —s to take pictures (7)
    fresco: hace — it's cool out (7)
el frijol bean (12)
    los —es refritos refried beans (12)
el frío:
    hace — it's cold out (7)
    tener — to be cold *(person)* (9)
    fritas: las papas — French fries (A)
las frutas fruit (A)
fui, fuiste I went, you went (7)
el fútbol soccer (A)
    el — americano football (A)

la ganga bargain (A)
el garaje garage (8)
la garganta throat (9)
    las pastillas para la — throat lozenges (10)
    tener dolor de — to have a sore throat (9)
el gato cat (A)
el gemelo, la gemela twin (A)
generalmente usually, generally (A)
generoso, -a generous (A)
¡genial! great! wonderful! (A)
la gente people (13)
el gimnasio gymnasium (A)
el gorila gorilla (13)
el gorro ski cap (7)
la grabadora tape recorder (A)
gracias thank you (A)
gracioso, -a funny (A)
grande big, large (A)
la gripe flu (9)
    tener — to have the flu (9)
gris, *pl.* **grises** gray (A)
el guacamole avocado dip (12)
guapo, -a handsome, good-looking (A)
el guante glove (7)
el guardarropa closet (8)
la guía telefónica phone book (13)

los **guisantes** peas (A)
la **guitarra** guitar (A)
gustar to like (A)
   le gusta(n) he/she likes (A)
   me/te gusta I like, you like (A)
   me gusta más I prefer (A)
   (A mí) me gustaría I'd like … (A)
   ¿(A ti) te gustaría? would you like …? (A)
gusto: mucho — pleased/ nice to meet you (A)

hablar to talk (A)
hacer to do, to make (A, 8)
   ¿cuánto tiempo hace que …? how long has it been since …? (9)
   hace + *(time expression)* ago (A)
   hace + *(time expression) +* **que** for + *time* (9)
   — ejercicio to exercise (9)
   se hace(n) con … it's (they're) made with … (12)
   hice/hiciste/hizo did/made (10, 13)
el **hambre** *(f.):* **tener —** to be hungry
la **hamburguesa** hamburger (A)
la **harina** flour (12)
   la tortilla de — flour tortilla (12)
hasta until (11)
   — luego see you later (A)
hay there is, there are (A)
   ¿cuántos, -as … —? how many … are there? (A)
   — que it's necessary to (13)
el **hecho: el programa de —s de la vida real** fact-based program (11)
helado: el té — iced tea (A)
el **helado** ice cream (12)
el **hermano, la hermana** brother, sister (A)
los **hermanos** brothers; brother(s) and sister(s) (A)
hice/hizo *see* **hacer**
el **hijo, la hija** son, daughter (A)

los **hijos** sons; sons and daughters (A)
la **hoja de papel** sheet of paper (A)
¡hola! hi!, hello! (A)
el **hombre** man (A)
la **hora** period; time (A); hour (11)
   ¿a qué —? at what time? (A)
   media — *f.* half an hour (11)
   ¿qué — es? what time is it? (A)
el **horario** schedule (A)
horrible horrible (A)
el **hospital** hospital (9)
el **hotel** hotel (10)
hoy today (A)
   — no not today (A)
el **huevo** egg (A)

la **iglesia** church (10)
igualmente likewise (A)
impaciente impatient (A)
el **impermeable** raincoat (7)
incómodo, -a uncomfortable (8)
el **inglés** English *(language)* (A)
inteligente intelligent (A)
el **interés: el lugar de —** place of interest (7)
el **invierno** winter (A)
interesante interesting (11)
interesar to interest (11)
ir to go (A)
   — a + *inf.* to be going to + *verb* (A)
   — a pasear to take a walk (10)
   — de compras to go shopping (A)
   — de pesca to go fishing (A)
   — de vacaciones to go on vacation (7)
izquierda: a la — (de) to the left of (10)
izquierdo, -a left (9)

el **jabón** soap (10)
el **jaguar** jaguar (13)
el **jamón** ham (A)

los **jeans** jeans (A)
joven, *pl.* **jóvenes** young (A)
el/la **joven,** *pl.* **los/las jóvenes** young man, young lady (A)
las **judías verdes** green beans (A)
jueves Thursday (A)
   el — on Thursday (A)
jugar *(u → ue)* to play (A)
el **jugo** juice (4)
   — de naranja orange juice (A)
julio July (A)
junio June (A)

la **the** *f. sing.; dir. obj. pron.* her, it, you *f. sing.* (A)
lado: al — de next to, beside (10)
el **lago** lake (7)
la **lámpara** lamp (8)
el **lápiz,** *pl.* **los lápices** pencil (A)
largo, -a long (A, 11)
las **the** *f. pl.; dir. obj. pron.* them, you *f. pl.* (A)
lástima: ¡qué —! that's too bad! what a shame! (A)
lastimar to hurt (9)
   me lastimé el/la … I hurt my … (9)
la **lata** can (13)
el **lavadero** laundry room (8)
lavar to wash (8)
le *ind. obj. pron.* (to) him, her, it, you *(formal)* (9)
   — encanta(n) he/she loves (A)
   — gusta(n) he/she likes (A)
la **leche** milk (A)
la **lechuga** lettuce (A)
leer to read (A)
lejos (de) far (from) (8)
les *ind. obj. pron.* (to) you *pl.,* them (11)
la **librería** bookstore (10)
el **libro** book (A)
la **limonada** lemonade (A)
limpiar to clean (8)
limpio, -a clean (8)
llamar to call (9)

¿cómo se llama(n)? what is his / her / their name? (A)

¿cómo te llamas? what's your name? (A)

me llamo my name is (A)

se llama(n) his / her / their name is (A)

llegar to arrive (10)

llevar to wear (A); to take (7)

llover: llueve it rains, it's raining (7)

la **lluvia** rain (7)

lo *dir. obj. pron.* him, it, you *m. sing.* (A)

— **siento** I'm sorry (A)

el **lobo** wolf (13)

los the *m. pl.; dir. obj. pron.* them *m. pl.* (A)

— + *day of week* on + *day of week* (A)

luego then, later, afterwards (10)

hasta — see you later (A)

el **lugar** place (7)

el — **de interés** place of interest (7)

lunes Monday (A)

el — on Monday (A)

la **luz,** *pl.* **las luces** light (13)

la **madera** wood (13)

de — (made of) wood (8)

la **madre** mother (A)

el **maíz** corn (12)

mal:

menos — **que …** it's a good thing that … (7)

me siento — I feel ill (9)

la **maleta** suitcase (7)

malo, -a bad (A)

la **mano** *f.* hand (9)

el **mantel** tablecloth (12)

la **mantequilla** butter (12)

la **manzana** apple (A)

mañana tomorrow (A)

la **mañana** morning (A)

de la — in the morning, A.M. (11)

por la — in the morning (A)

el **mar** sea (7)

el **marcador** marker (A)

marrón, *pl.* **marrones** brown (A)

martes Tuesday (A)

el — on Tuesday (A)

marzo March (A)

más more (A); else (8, 12); more, *adj.* + -er (11)

algo — anything / something else (12)

el / la / los / las — + *adj.* the most + *adj.,* the + *adj.* + -est (11)

— **o menos** more or less (A)

— **tarde** later (11)

— **temprano** earlier (11)

me gusta — I prefer (A)

las **matemáticas** math(ematics) (A)

mayo May (A)

mayor older (A)

el — **peligro** greatest danger (13)

me me *obj. pron.* (9)

media:

— **hora** *f.* half an hour (11)

una hora y — an hour and a half (11)

y — half-past (A)

la **medianoche** midnight (11)

a — at midnight (11)

el **médico, la médica** doctor (9)

el **medio ambiente** environment (13)

el **mediodía** noon (11)

al — at noon (11)

mejor better (9)

el / la — the best (11)

menor younger (A)

menos less (A, 11)

el / la / los / las — + *adj.* the least + *adj.* (11)

más o — more or less (A)

— **mal que …** it's a good thing that … (7)

el **menú** menu (12)

menudo: a — often (12)

la **merienda** afternoon snack (A)

de — for a snack (12)

el **mes** month (A)

la **mesa** table (A)

el **metal: de** — (made of) metal (8)

el **metro** subway (10)

la estación del — subway station (10)

la **mezquita** mosque (10)

mi, mis my (A)

mí *after prep.* me (A)

a — **me gusta(n)** I like *(emphatic)* (A)

el **miedo: dar** — **a** to scare (11)

miércoles Wednesday (A)

el — on Wednesday (A)

mil one thousand (10)

el **minuto** minute (11)

mismo: lo — the same thing (12)

la **mochila** backpack (A)

moderno, -a modern (8)

la **montaña** mountain (7)

montar en bicicleta to ride a bike (13)

morado, -a purple (A)

el **monumento** monument (10)

el **muchacho, la muchacha** boy, girl (A)

mucho a lot (A)

mucho, -a a lot of, much (A); very *(in expressions with tener)* (9)

— **as veces** many times (12)

— **gusto** pleased / nice to meet you (A)

los **muebles** furniture (8)

las **muelas: tener dolor de** — to have a toothache (9)

la **mujer** woman (A)

el **museo** museum (7)

la **música** music (A)

musical musical (11)

el programa — music program (11)

muy very (A)

nada nothing (9)

de — you're welcome (A)

no me duele — nothing hurts (9)

no me gusta — … I don't like … at all (A)

nadar to swim (A)

nadie nobody, no one (A)

la **naranja** orange (A)

la **nariz** nose (9)

la **naturaleza** nature (13)

necesitar to need (A)

negro, -a black (A)

en blanco y — in black and white (11)

nevar: nieva it snows, it's snowing (7)

ni ... ni neither ... nor, not ... or (A)

la **nieve** snow (7)

ninguna parte: (no ...) — nowhere, not anywhere (7)

no no, not (A)

    creo que — I don't think so (A)

    ¿no? don't you?, aren't I?, won't they?, etc. (9)

    ya — no longer, not anymore (9)

la **noche** night, evening (A)

    buenas — s good evening, good night (A)

    de la — at night, P.M. (11)

    por la — in the evening (A)

el **nombre** name (A)

nos us *obj. pron.* (11)

nosotros, -as we ; us *after prep.* (A)

las **noticias** news (11)

novecientos, -as nine hundred (10)

noventa ninety (A)

noviembre November (A)

nuestro, -a our (8)

nueve nine (A)

nuevo, -a new (A)

el **número** number (A)

nunca never (A)

o or (A)

el **océano** ocean (13)

ochenta eighty (A)

ocho eight (A)

ochocientos, -as eight hundred (10)

octavo, -a eighth (A)

octubre October (A)

ocupado, -a busy (A)

el **oeste: la película del —** western (11)

el **oído** ear (9)

    tener dolor de — to have an earache (9)

el **ojo** eye (9)

once eleven (A)

ordenado, -a neat, tidy (A)

el **oso** bear (13)

el **otoño** fall, autumn (A)

otro, -a another, other (A)

---

paciente patient *adj.* (A)

el **padre** father (A)

los **padres** parents (A)

pagar to pay (A)

el **país** country (7)

el **pájaro** bird (13)

el **pan** bread (A)

    el — tostado toast (A)

los **pantalones** pants (A)

    los — cortos shorts (A)

las **pantimedias** pantyhose (A)

la **papa** potato (A)

    la — al horno baked potato (A)

    las —s fritas French fries (A)

el **papel** paper (A)

    la hoja de — sheet of paper (A)

para for (A)

    — + inf. to, in order to (7)

la **parada del autobús** bus stop (10)

el **paraguas** umbrella (7)

el **parque** park (A)

    el — de diversiones amusement park (A)

la **parte:**

    formar — de to be a part of (13)

    (no ...) ninguna — nowhere, not anywhere (7)

el **partido** game, match (10)

pasado, -a last, past (7)

el **pasaporte** passport (7)

pasar to pass (12)

    — la aspiradora to vacuum (8)

    ¿qué pasa? what's the matter? (9)

el **pasatiempo** pastime, hobby (A)

pasear:

    ir a — to take a walk (10)

    — en bote to row (7)

la **pasta dentífrica** toothpaste (10)

el **pastel** cake, pastry (12)

la **pastilla** lozenge (10)

patinar to skate (A)

pedir *(e → i)* to order, to ask for (12)

la **película** film, movie (11)

el **peligro** danger (13)

    en — de extinción endangered (13)

---

pelirrojo, -a red-haired (A)

el **pelo** hair (A)

la **pena: (no) vale la —** it's (not) worth it (13)

pensar *(e → ie)* to think (11)

    — + inf. to plan (7)

peor worse (9)

    el / la (los / las) —(es) the worst (11)

pequeño, -a small, little (A)

perdón excuse me (A)

perezoso, -a lazy (A)

pero but (A)

el **periódico** newspaper (13)

el **perro** dog (A)

la **persona** person (A)

pesca: ir de — to go fishing (A)

el **pescado** fish (A)

picante spicy, hot *(flavor)* (12)

    no — mild *(flavor)* (12)

el **pie** foot (9)

    a — walking, on foot (10)

    el dedo del — toe (9)

la **piel** fur (13)

la **pierna** leg (9)

la **pimienta** pepper (12)

la **pirámide** pyramid (7)

la **piscina** pool (A)

la **pizarra** chalkboard (A)

la **planta** plant (13)

el **plástico** plastic (13)

    de — (made of) plastic (13)

el **plátano** banana (A)

el **platillo** saucer (12)

el **plato** dish, plate (8, 12)

    el — del día daily special (12)

    el — principal main dish (12)

la **playa** beach (A)

la **plaza** town square, plaza (A, 10)

poco: un — (de) a little (11)

poder *(o → ue)* can, to be able to (A, 7)

la **policía** police (10)

    la estación de — police station (10)

el **pollo** chicken (A)

    la sopa de — chicken soup (A)

poner to put, to place, to set (8)

    — la mesa to set the table (8)

por for (A)
— **aquí** around here (A)
— **eso** that's why, therefore (11)
— **la mañana / la tarde / la noche** in the morning / afternoon / evening (A)
¿— **qué?** why? (A)
— **supuesto** of course (13)
— **teléfono** on the phone (A)
porque because (A)
postal: la tarjeta — post card (10)
el **postre** dessert (12)
de — for dessert (12)
practicar to practice (A)
preferir *(e → ie)* to prefer (A,8)
la **primavera** spring (A)
primero (primer), -a first (A)
el **primo, la prima** cousin (A)
probar *(o → ue)* to try, to taste (12)
el **profesor, la profesora** teacher (A)
el **programa** program, show (11)
el **pronóstico del tiempo** weather forecast (11)
proteger *(g → j)* to protect (13)
público, -a public (13)
prudente cautious (A)
puedo, puedes *see* **poder**
la **puerta** door (8)
pues well *(to indicate pause)* (A)
punto: en — sharp, on the dot (11)
puntualmente on time (11)
el **pupitre** student desk (A)
puro, -a pure, clean (13)

que that, who (A); than (11)
¿**qué?** what? (A)
¡— + *adj.!* how + *adj.!* (A)
¿— **tal?** how's it going? (A)
quedar to fit (A); to be located (10)
debo —**me / debes** —**te en la cama** to stay in bed (9)
me queda(n) bien it fits (they fit) me well (A)
el **quehacer (de la casa)** (household) chore (8)
querer *(e → ie)* to want (A, 7)

¿**qué quiere decir …?** what does … mean? (A)
(yo) quisiera I'd like (7)
la **quesadilla** quesadilla (12)
el **queso** cheese (A)
¿**quién(es)?** who? whom? (A)
quiero, quieres *see* **querer** (A)
quince fifteen (A)
quinientos, -as five hundred (10)
quinto, -a fifth (A)
quisiera *see* **querer**
quitar la mesa to clear the table (8)

razón: (no) tener — to be right (wrong) (8)
real real (11)
realista realistic (11)
el **reciclaje** recycling (13)
el **centro de** — recycling center (13)
reciclar to recycle (13)
el **recuerdo** souvenir (7)
redondo, -a round (8)
reducir to reduce (13)
el **refresco** soft drink (A)
el **refrigerador** refrigerator (8)
refrito: los frijoles —**s** refried beans (12)
el **regalo** gift (10)
la tienda de —**s** gift shop (10)
la **regla** ruler (A)
regresar to come back, to return (7)
relleno: el chile — stuffed pepper (12)
res: la carne de — beef (12)
el **resfriado** cold (9)
el **restaurante** restaurant (10)
la **revista** magazine (13)
rojo, -a red (A)
romántico, -a romantic (11)
la **ropa** clothes (A)
rosado, -a pink (A)
rubio, -a blond(e) (A)
las **ruinas** ruins (7)

sábado Saturday (A)
el — on Saturday (A)
sabroso, -a delicious, tasty (A)

saber to know (13)
(yo) no sabía I didn't know (10)
sacar to take out (8)
— **dinero** to withdraw money (10)
— **fotos** to take pictures (7)
— **un libro** to check out a book (10)
sacudir to dust (8)
la **sal** salt (12)
la **sala** living room (8)
la— **de clases** classroom (A)
la — **de estar** family room (8)
salir to leave (7)
la **salsa** sauce (12)
la **salud** health (A)
las ciencias de la — health (science) (A)
el **sandwich** sandwich (A)
sé: (yo) no — I don't know (10)
la **sed: tener** — to be thirsty (A)
seguida: en — right away (12)
segundo, -a second (A)
seis six (A)
seiscientos, -as six hundred (10)
el **sello** stamp (10)
la **selva** forest (7)
la — **tropical** rain forest (7)
la **semana** week (A)
el fin *(pl.* **los fines)** **de** — weekend (A)
el **semestre** semester (A)
señor (Sr.) Mr., sir (A)
señora (Sra.) Mrs., ma'am (A)
señorita (Srta.) Miss (A)
sentir:
¿**cómo te sientes?** how do you feel? (9)
lo siento I'm sorry (A)
me siento bien / mal I feel well / ill (9)
separar to separate (13)
septiembre September (A)
séptimo, -a seventh (A)
ser to be (A)
serio, -a serious (A)
la **serpiente** snake (13)
el **servicio: la estación de** — gas station (10)
la **servilleta** napkin (12)

servir *(e → i)* to serve (12)
sesenta sixty (A)
setecientos, -as seven hundred (10)
setenta seventy (A)
sexto, -a sixth (A)
sí yes ; do + *verb (emphatic)* (A)
si if, whether (10)
siempre always (A)
siento: lo — I'm sorry (A)
siento, sientes *see* **sentir**
siete seven (A)
la **silla** chair (8)
el **sillón,** *pl.* **los sillones** armchair (8)
simpático, -a nice, friendly (A)
la **sinagoga** synagogue, temple (10)
sobre about (11)
sociable outgoing (A)
social: las ciencias —es social studies (A)
el **sofá** sofa (8)
el **sol** sun (7)
los anteojos de — sunglasses (7)
hace — it's sunny (7)
tomar el — to sunbathe (7)
solo, -a alone (A)
sólo only (A)
son (they) are (A)
— las it is ... *(in telling time)* (A)
el **sonido: el equipo de —** stereo (8)
la **sopa** soup (A)
el **sótano** basement (8)
soy I am (A)
su, sus his, her (A); your *formal,* their (8)
subir to climb (7)
sucio, -a dirty (8)
la **sudadera** sweatshirt (A)
el **sueño: tener —** to be sleepy (9)
el **suéter** sweater (A)
el **supermercado** supermarket (10)
supuesto: por — of course (13)

tacaño, -a stingy (A)
el **taco** taco (12)
tal: ¿qué —? how's it going? (A)
también also, too (A)
a mí — me too (A)
tampoco (not ...) either (A)
tarde late (10)
más — later (11)
la **tarde** afternoon, early evening (A)
buenas —s good afternoon, good evening (A)
de la — in the afternoon, P.M. (11)
por la — in the afternoon (A)
la **tarea** homework (A)
la **tarjeta** card (10)
la — postal post card (10)
el **taxi** taxi (10)
la **taza** cup (12)
el **tazón,** *pl.* **los tazones** bowl (12)
te you *fam. obj. pron.* (A)
el **té** tea (A)
el — helado iced tea (A)
el **teatro** theater (10)
el **teléfono** telephone (A)
hablar por — to talk on the phone (A)
el número de — phone number (A)
telefónica: la guía — phone book (13)
la **telenovela** soap opera (11)
la **tele(visión)** television (A)
temprano early (10)
más — earlier (11)
el **tenedor** fork (12)
tener to have (A)
¿qué tienes? what's wrong? (9)
— que + *inf.* to have to (8)
tengo *see* **tener**
el **tenis** tennis (A)
los **tenis** sneakers (A)
tercer, -a third (A)
terminar to finish, to end (A)
terrible terrible (9)
terror: la película de — horror film (11)
ti you *fam. after prep.* (A)

¿a — te gusta(n)? do you like? *(emphatic)* (A)
el **tiempo** weather (7); time (11)
¿cuánto — hace que ... ? how long has/have ... ? (9)
hace buen / mal — it's nice / bad out (7)
el pronóstico del — weather forecast (11)
¿qué — hace? what's the weather like? (7)
la **tienda** store (A)
la — de descuentos discount store (A)
la — de regalos gift shop (10)
la — de ropa clothing store (A)
tienes *see* **tener**
la **Tierra** Earth (13)
el **tigre** tiger (13)
el **tío, la tía** uncle, aunt (A)
los tíos uncles; aunts and uncles (A)
tocar to play (A)
todavía still (9)
— no not yet (11)
todos, -as all; everyone (A)
— los días every day (A)
tomar to take (9)
— el sol to sunbathe (7)
el **tomate** tomato (A)
la sopa de — tomato soup (A)
tonto, -a silly, dumb (11)
la **tortilla (de harina, de maíz)** (flour, corn) tortilla (12)
tostado: el pan — toast (A)
trabajador, -a hard-working (A)
trabajar to work (10)
traer to bring (12)
el **traje de baño** bathing suit (7)
el **transporte público** public transportation (13)
trece thirteen (A)
treinta thirty (A)
el **tren** train (10)
la estación del — train station (10)
tres three (A)
trescientos, -as three hundred (10)

triste sad (11)
tropical: la selva — rain forest (7)
tu, tus your *fam.* (A)
tú you *fam.* (A)

un, una a, an, one (A)
   es la una it's one o'clock (A)
único, -a only (A)
uno one (A)
unos, -as a few, some (A)
usar to use (13)
usted (Ud.) you *formal sing.* (A)
ustedes (Uds.) you *formal pl.* (A)
la **uva** grape (A)

la **vaca** cow (13)
las **vacaciones** vacation (7)
   ir de — to go on vacation (7)
valer: (no) vale la pena it's (not) worth it (13)
el **vaso** glass (12)
¡vaya! my goodness! gee! wow! (7)
veces *see* **vez**
veinte twenty (A)

veintiuno (veintiún) twenty-one (A)
vender to sell (12)
la **ventana** window (8)
ver to see, to watch (A)
   a — let's see (A)
   (yo) vi / (tú) viste I saw / you saw (10)
el **verano** summer (A)
veras: ¿de — ? really? (A)
¿verdad? isn't that so?, right? (A)
verde green (A)
las **verduras** vegetables (A)
   la sopa de — vegetable soup (A)
el **vestido** dress (A)
la **vez,** *pl.* **veces** time (12)
   a la — at the same time (13)
   alguna — ever (12)
   muchas veces many times (12)
   una — one time, once (12)
vi, viste *see* **ver**
la **vida** life (11)
   el programa de hechos de la — real fact-based program (11)
la **videocasetera** VCR (8)

el **videojuego** video game (A)
el **vidrio** glass *(material)* (13)
   de — (made of) glass (13)
viejo, -a old (A)
el **viento** wind (7)
   hace — it's windy (7)
viernes Friday (A)
   el — on Friday (A)
visitar to visit (7)
vivir to live (8)
el **vóleibol** volleyball (A)
vosotros, -as you *fam. pl.* (A)

y and (A)
ya already (10)
   — no no longer, not anymore (9)
yo I (A)

la **zanahoria** carrot (A)
la **zapatería** shoe store (A)
el **zapato** shoe (A)
el **zoológico** zoo (10)

ENGLISH-SPANISH VOCABULARY

The *English-Spanish Vocabulary* contains all active vocabulary from PASO A PASO, Books A and B.

The letter A following an entry indicates that the word or expression was presented in Book A. A number indicates the chapter in Book B in which the word or expression is presented.

A dash (—) represents the main entry word. For example, — **school** following **after** means **after school.**

The following abbreviations are used: *adj.* (adjective), *dir. obj.* (direct object), *f.* (feminine), *fam.* (familiar), *ind. obj.* (indirect object), *inf.* (infinitive), *m.* (masculine), *pl.* (plural), *prep.* (preposition), *pron.* (pronoun), *sing.* (singular).

a, an un, una (A)
able: to be — poder *(o → ue)* (A, 7)
about sobre (11)
ache el dolor (9)
to **ache** doler *(o → ue)* (9)
actor, actress el actor, la actriz (11)
ad el anuncio (11)
adventure film la película de aventuras (11)
affectionate cariñoso, -a (A)
after después (de) (A)
— **school** después de las clases (A)
afternoon la tarde (A)
— **snack** la merienda (A)
good — buenas tardes (A)
in the — por la tarde (A)
afterwards luego (10)
ago hace + *(time expression)* … (A)
to **agree** estar de acuerdo (8)
air el aire (13)
all todo, -a; -os, -as (A)
— **right** bueno (10)
almost casi (11)
alone solo, -a (A)
already ya (10)
also también (A)
aluminum el aluminio (13)
always siempre (A)
A.M. de la mañana (11)
am soy (A)
among entre (10)
amusement park el parque de diversiones (A)
amusing divertido, -a (11)

and y (A)
animal el animal (13)
another otro, -a (A)
anymore: not — ya no (9)
anything algo (A)
— **else** algo más (12)
anywhere: not — (no …) ninguna parte (7)
apartment el apartamento (8)
apple la manzana (A)
April abril (A)
arm el brazo (9)
armchair el sillón, *pl.* los sillones (8)
around here por aquí (A)
to **arrive** llegar (10)
art el arte (A)
artistic artístico, -a (A)
to **ask for** pedir *(e → i)* (12)
at en (A); a (A)
athletic deportista (A)
attractive atractivo, -a (A)
August agosto (A)
aunt la tía (A)
—s and uncles los tíos (A)
autumn el otoño (A)
avenue la avenida (10)
avocado el aguacate (12)
— **dip** el guacamole (12)

back la espalda (9)
backpack la mochila (A)
bad malo, -a (A)
it's — out hace mal tiempo (7)
that's too — ¡qué lástima! (A)
banana el plátano (A)

bank el banco (10)
bargain la ganga (A)
baseball el béisbol (A)
basement el sótano (8)
basketball el básquetbol (A)
bathing suit el traje de baño (7)
bathroom el baño (8)
to **be** estar (A); ser (A)
— **from** ser de (A)
to — able to poder *(o → ue)* (A, 7)
to — a part of formar parte de (13)
beach la playa (A)
beans los frijoles (12)
green — las judías verdes (A)
refried — los frijoles refritos (12)
bear el oso (13)
because porque (A)
bed la cama (8)
bedroom el dormitorio (8)
beef la carne de res (12)
to **begin** empezar *(e → ie)* (A)
behind detrás (de) (10, 12)
to **believe** creer (A, 9)
beside al lado (de) (10)
best el / la mejor (11)
better mejor (9)
I like … — me gusta(n) más (A)
between entre (10)
beverage la bebida (A)
bicycle la bicicleta (10)
to ride a — montar en bicicleta (13)
big grande (A)
bill *(in restaurant)* la cuenta (12)

binder (3-ring) la carpeta de argollas (A)
bird el pájaro (13)
birthday el cumpleaños (A)
— **card** la tarjeta de cumpleaños (10)
— **party** la fiesta de cumpleaños (A)
black negro, -a (A)
in — and white en blanco y negro (11)
block la cuadra (10)
how many —s (from . . .)? ¿a cuántas cuadras (de . . .)? (10)
blond(e) rubio, -a (A)
blouse la blusa (A)
blue azul, *pl.* azules (A)
body el cuerpo (9)
bold atrevido, -a (A)
book el libro (A)
bookstore la librería (10)
boot la bota (7)
to **bore** aburrir (11)
boring aburrido, -a (11)
bottle la botella (13)
bowl el tazón, *pl.* los tazones (12)
boy el muchacho (A)
bread el pan (A)
breakfast el desayuno (A)
for — en el desayuno (A)
to **bring** traer (12)
brother el hermano (A)
—(s) and sister(s) los hermanos (A)
brown marrón, *pl.* marrones (A); *(hair)* castaño (A)
burrito el burrito (12)
bus el autobús, *pl.* los autobuses (10)
— **stop** la parada del autobús (10)
busy ocupado, -a (A)
but pero (A)
butter la mantequilla (12)
to **buy** comprar (A)
will you — me . . . ? ¿me compras . . . ? (10)
by por (6)
— + *vehicle* en + *vehicle* (10)

cake el pastel (12)
calculator la calculadora (A)
to **call** llamar (9)
camera la cámara (7)
can poder *(o → ue)* (A, 7)
can la lata (13)
cap: ski — el gorro (7)
car el coche (8)
card la tarjeta (10)
birthday — la tarjeta de cumpleaños (10)
post — la tarjeta postal (10)
cardboard el cartón (13)
carrot la zanahoria (A)
carte: a la — a la carta (12)
cartoon los dibujos animados (11)
cat el gato (A)
cathedral la catedral (7)
cautious prudente (A)
center el centro (13)
recycling — el centro de reciclaje (13)
cereal el cereal (A)
chair la silla (8)
chalkboard la pizarra (A)
channel el canal (11)
cheap barato, -a (A)
check *(in restaurant)* la cuenta (12)
to **check out a book** sacar un libro (10)
cheese el queso (A)
chestnut (-colored) castaño, -a (A)
chicken el pollo (A)
— **soup** la sopa de pollo (A)
child el hijo, la hija (A)
only — el hijo único, la hija única (A)
chile con carne el chile con carne (12)
chili pepper el chile (12)
chocolate: hot — el chocolate (12)
chore el quehacer (8)
household — el quehacer de la casa (8)
church la iglesia (10)
churro el churro (12)
city la ciudad (7)
class la clase (de) (A)
classmate el compañero, la compañera (A)

classroom la sala de clases (A)
clean limpio, -a (8); puro, -a (13)
to **clean** limpiar (8)
to — up arreglar (8)
to **clear the table** quitar la mesa (8)
to **climb** subir (7)
clinic la clínica (9)
to **close** cerrar *(e → ie)* (10)
closet el guardarropa (8)
clothes la ropa (A)
clothing store la tienda de ropa (A)
coat el abrigo (7)
coffee el café (A)
cold el frío (7)
it's — out hace frío (7)
to be — *(person)* tener frío (9)
to have a — tener (un) resfriado (9)
color el color (A)
in — en colores (11)
what —? ¿de qué color? (A)
to **come back** regresar (7)
comedy la comedia (11)
comfortable cómodo (8)
comical cómico, -a (11)
commercial el anuncio (de televisión) (11)
community la comunidad (10)
concert el concierto (11)
to **conserve** conservar (13)
contaminated contaminado, -a (13)
to **cook** cocinar (A)
cool: it's — out hace fresco (7)
corn el maíz (12)
— **tortilla** la tortilla de maíz (12)
corner la esquina (10)
to **cost** costar *(o → ue)* (A)
it —s (they —) cuesta(n) (A)
couch el sofá (8)
country el país (7)
country(side) el campo (A)
course:
of — ¡claro que sí! (A); por supuesto (13)
of — not ¡claro que no! (A)

cousin el primo, la prima (A)
cow la vaca (13)
cup la taza (12)
to cut cortar (8)

daily special el plato del día (12)
danger el peligro (13)
daring atrevido, -a (A)
date la fecha (A)
what's today's —? ¿cuál es la fecha de hoy? (A)
daughter la hija (A)
day el día (A)
every — todos los días (A)
December diciembre (A)
delicious sabroso, -a (A)
dentist el / la dentista (9)
department store el almacén, pl. los almacenes (A)
to deposit depositar (10)
desk el escritorio (8); (student) el pupitre (A)
dessert el postre (12)
for — de postre (12)
detective show el programa de detectives (11)
dictionary el diccionario (A)
difficult difícil (A)
dining room el comedor (8)
dinner la cena (A)
for — en la cena (A)
dirty sucio, -a (8)
to disagree no estar de acuerdo (8)
discount store la tienda de descuentos (A)
disgusting: that's —! ¡qué asco! (A)
dish el plato (8, 12)
main — el plato principal (12)
to do hacer (A, 8)
doctor el médico, la médica (9)
documentary el documental (11)
dog el perro (A)
dollar el dólar (A)
door la puerta (8)
dot: on the — en punto (11)
to draw dibujar (A)

dress el vestido (A)
dresser la cómoda (8)
drink la bebida (A)
to drink beber (A)
drugstore la farmacia (10)
dumb tonto, -a (11)
to dust sacudir (8)

ear el oído (9)
to have an —ache tener dolor de oído (9)
early temprano (10)
earlier más temprano (11)
Earth la Tierra (13)
easy fácil (A)
to eat comer (A)
educational show el programa educativo (11)
egg el huevo (A)
eight ocho (A)
eighteen dieciocho (A)
eighth octavo, -a (A)
eight hundred ochocientos, -as (10)
eighty ochenta (A)
either: not ... — (no ...) tampoco (A)
elephant el elefante (13)
eleven once (A)
else más (8)
anything / something — algo más (12)
enchilada la enchilada (12)
to end terminar (A)
endangered en peligro de extinción (13)
energy la energía (13)
English (language) el inglés (A)
environment el medio ambiente (13)
evening la tarde, la noche (A)
good — buenas noches, buenas tardes (A)
in the — por la noche, por la tarde (A); de la tarde (11)
ever alguna vez (12)
every day todos los días (A)
everyone todos, -as (A)
exciting emocionante (11)
excuse me perdón (A)
to exercise hacer ejercicio (9)
expensive caro, -a (A)

to explore explorar (7)
eye el ojo (A)

facing enfrente (de) (10)
fact-based program el programa de hechos de la vida real (11)
factory la fábrica (13)
fair así, así (A)
fall el otoño (A)
family la familia (A)
— room la sala de estar (8)
fantastic fantástico, -a (7)
far (from) lejos (de) (8)
to fascinate fascinar (11)
fascinating fascinante (11)
father el padre (A)
February febrero (A)
to feel:
how do you —? ¿cómo te sientes? (9)
I — well / ill me siento bien / mal (9)
fever la fiebre (9)
to have a — tener fiebre (9)
few: a — unos, unas (A)
fifteen quince (A)
fifth quinto, -a (A)
fifty cincuenta (A)
film la película (11)
fine bueno (10)
finger el dedo (9)
to finish terminar (A)
first primero (primer), -a (A)
fish el pescado (A)
fishing: to go — ir de pesca (A)
to fit quedar (A)
it —s (they —) me well me queda(n) bien (A)
five cinco (A)
five hundred quinientos, -as (10)
flan el flan (12)
floor el piso (8)
flour la harina (12)
— tortilla la tortilla de harina (12)
flower la flor (13)
flu la gripe (9)
to have the — tener gripe (9)

folder la carpeta (A)
food la comida (A)
foot el pie (9)
    on — a pie (10)
football el fútbol americano (A)
for para (A); por (A)
forecast: weather — el
    pronóstico del tiempo (11)
forest la selva (7)
    rain — la selva tropical (7)
fork el tenedor (12)
forty cuarenta (A)
four cuatro (A)
four hundred cuatrocientos,
    -as (10)
fourteen catorce (A)
fourth cuarto, -a (A)
French fries las papas fritas
    (A)
Friday viernes (A)
    —s los viernes (A)
    on — el viernes (A)
friend el amigo, la amiga (A)
friendly simpático, -a (A)
from de, de la, del (A, 10)
front: in — of enfrente de
    (10); delante de (12)
fruit las frutas (A)
funny gracioso, -a (A);
    divertido, -a (11)
fur la piel (13)
furniture los muebles (8)

game el partido (10)
garage el garaje (8)
garbage la basura (8)
gas station la estación de
    servicio (10)
gee! ¡vaya! (7)
generally generalmente (A)
generous generoso, -a (A)
gift el regalo (10)
    — shop la tienda de regalos
    (10)
girl la muchacha (A)
glass el vaso (12); *(material)* el
    vidrio (13)
    (made of) — de vidrio (13)
glasses los anteojos (7)
glove el guante (7)
to **go** ir (A)
    how's it —ing? ¿qué tal? (A)

to be —ing to + *verb* ir a +
    inf. (A)
to — fishing ir de pesca (A)
to — on vacation ir de
    vacaciones (7)
to — shopping ir de
    compras (A)
good bueno (buen), -a (A)
    — afternoon buenas tardes
    (A)
    — evening buenas noches (A)
    — morning buenos días (A)
    — night buenas noches (A)
    it's a — thing that ...
    menos mal que ... (7)
good-by adiós (A)
good-looking guapo, -a (A)
goodness: my —! ¡vaya! (7)
gorilla el gorila (13)
grandfather el abuelo (A)
grandmother la abuela (A)
grandparents los abuelos (A)
grape la uva (A)
gray gris, *pl.* grises (A)
    — hair pelo canoso (A)
great! ¡genial! (A)
green verde (A)
    — beans las judías verdes
    (A)
groceries los comestibles (10)
guacamole el guacamole (12)
guitar la guitarra (A)
gym *(class)* la clase de
    educación física (A)
gymnasium el gimnasio (A)

hair el pelo (A)
half:
    — an hour media hora (11)
    — -past y media (A)
ham el jamón (A)
hamburger la hamburguesa
    (A)
hand la mano (9)
handsome guapo, -a (A)
hard difícil (A)
hard-working trabajador, -a
    (A)
to **have** tener (A)
    to — to tener que + *inf.* (8)
he él (A)
head la cabeza (9)

to have a —ache tener
    dolor de cabeza (9)
health la salud (A); *(class)* las
    ciencias de la salud (A)
hello! ¡hola! (A)
to **help** ayudar (A)
    may I — you? ¿qué desea
    (Ud.)? (A)
her su, sus (A); *dir. obj. pron.* la
    (A); *ind. obj. pron.* le (9)
here aquí (A)
    around — por aquí (A)
    — it is aquí está (A)
hi! ¡hola! (A)
him *dir. obj. pron.* lo (A); *ind.*
    obj. pron. le (9)
his su, sus (A)
hobby el pasatiempo (A)
home: at — en casa (A)
homework la tarea (A)
horrible horrible (A)
horror movie la película de
    terror (11)
horse el caballo (13)
hospital el hospital (9)
hot *(flavor)* picante (12)
    it's — out hace calor (7)
    to be — *(person)* tener calor
    (9)
hotel el hotel (10)
hour la hora (11)
    half an — media hora (11)
house la casa (8)
    — special la especialidad de
    la casa (12)
household chore el quehacer
    de la casa (8)
how + *adj.!* ¡qué + *adj.!* (A)
how? ¿cómo? (A)
    — are you? ¿cómo está
    (Ud.)? *formal*; ¿cómo
    estás? *fam.* (A)
    — long has/have ... ?
    ¿cuánto (tiempo) hace
    que ...? (9)
    — many? ¿cuántos, -as? (A)
    — much? ¿cuánto? (A)
    — old are you? ¿cuántos
    años tienes? (A)
    —'s it going? ¿qué tal? (A)
hundred cien (A); ciento (A)
hungry: to be — tener
    hambre (A)

to **hurt** doler *(o → ue)* (9)
  I — my . . . (yo) me lastimé
    el / la . . . (9)
  what —s? ¿qué te duele? (9)

I yo (A)
ice cream el helado (12)
iced tea el té helado (A)
if si (10)
ill enfermo, -a (A)
  I feel — me siento mal (9)
impatient impaciente (A)
in en (A)
  — order to para + *inf.* (7)
inexpensive barato, -a (A)
intelligent inteligente (A)
interest: place of — el lugar
  de interés (7)
to **interest** interesar (11)
interesting interesante (11)
is es (A)
it *dir. obj. pron.* lo (A)

jacket la chaqueta (A)
jaguar el jaguar (13)
January enero (A)
jeans los jeans (A)
juice el jugo (A)
  orange — el jugo de naranja
    (A)
July julio (A)
June junio (A)

kind *adj.* amable (A); la clase
  (11)
kitchen la cocina (8)
knife el cuchillo (12)
to **know** saber (13)
  I didn't — (yo) no sabía (10)
  I don't — (yo) no sé (10)

lacking: to be — faltar a (12)
lady: young — la joven (A)
lake el lago (7)
lamp la lámpara (8)
large grande (A)
last pasado, -a (7)
  — night anoche (10)
to **last** durar (11)

late tarde (10)
later luego (10); más tarde (11)
  see you — hasta luego (A)
laundry room el lavadero (8)
lawn el césped (8)
  to mow the — cortar el
    césped (8)
lazy perezoso, -a (A)
least el / la / los / las menos +
  adj. (11)
leather: (made of) — de
  cuero (8)
to **leave** salir (7)
left izquierdo, -a (9)
  to the — (of) a la izquierda
    (de) (10)
leg la pierna (9)
lemonade la limonada (A)
less menos (A, 11)
  more or — más o menos (A)
let's see a ver (A)
letter la carta (10)
lettuce la lechuga (A)
library la biblioteca (10)
life la vida (11)
light la luz, *pl.* las luces (13)
to **like** gustar a (A)
  he / she —s le gusta(n) (A)
  I / you — (a mí) me / (a ti)
    te gusta(n) (A)
  I'd — (a mí) me gustaría
    (A); quisiera (7)
  would you —? ¿(a ti) te
    gustaría? (A)
likewise igualmente (A)
to **listen (to)** escuchar (A)
little pequeño, -a (A)
  a — un poco (de) (11)
to **live** vivir (8)
living room la sala (8)
located: to be — quedar (10)
long largo, -a (A)
  how — has/have . . . ?
    ¿cuánto (tiempo) hace que
    . . . ? (9)
longer: no — ya no (9)
to **look for** buscar (A)
lot:
  a — mucho (A)
  a — of mucho, -a (A)
to **love** encantar (A)
  he / she —s le encanta(n)
    (A)

  I — me encanta(n) (A)
loving cariñoso, -a (A)
lozenge la pastilla (9)
  throat — la pastilla para la
    garganta (10)
lunch el almuerzo (A)
  for — en el almuerzo (A)

ma'am señora (A)
made:
  it is / they are — with se
    hace(n) con (12)
  — of de + *material* (8)
magazine la revista (13)
to **mail** enviar (10)
main dish el plato principal
  (12)
to **make** hacer (8)
mall el centro comercial (A)
man el hombre (A)
  young — el joven, *pl.* los
    jóvenes (A)
many muchos, -as (A)
  how —? ¿cuántos, -as? (A)
  — times muchas veces (12)
March marzo (A)
marker el marcador (A)
match el partido (10)
math(ematics) las
  matemáticas (A)
matter: what's the —? ¿qué
  pasa? (9)
may I help you? ¿qué desea
  (Ud.)? (A)
May mayo (A)
me *after prep.* mí (A, 12); *obj.*
  pron. me (9)
meal la comida (A)
meet: pleased to — you
  mucho gusto (A)
menu el menú (12)
messy desordenado, -a (A)
metal: (made of) — de metal
  (8)
midnight la medianoche (11)
  at — a medianoche (11)
mild *(flavor)* no picante (12)
milk la leche (A)
minute el minuto (11)
mirror el espejo (8)
Miss (la) señorita (Srta.) (A)
modern moderno, -a (8)

Monday lunes (A)
  —s los lunes (A)
  on — el lunes (A)
money el dinero (10)
month el mes (A)
monument el monumento (10)
more más (A, 11)
  — or less más o menos (A)
morning la mañana (A)
  good — buenos días (A)
  in the — por la mañana (A); de la mañana (11)
mosque la mezquita (10)
most: the — el / la / los / las más + *adj.* (11)
mother la madre (A)
mountain la montaña (7)
mouth la boca (9)
movie la película (11)
  to go to the —s ir al cine (A)
  — theater el cine (A)
  to show a — dar una película (11)
to mow the lawn cortar el césped (8)
Mr. (el) señor (Sr.) (A)
Mrs. (la) señora (Sra.) (A)
much mucho, -a (A)
  how —? ¿cuánto? (A)
muffler la bufanda (7)
museum el museo (7)
music la música (A)
  — program el programa musical (11)
musical film la película musical (11)
my mi, mis (A)

name el nombre (A)
  his / her / their — is se llama(n) (A)
  my — is me llamo (A)
  what's your —? ¿cómo te llamas? (A)
napkin la servilleta (12)
nature la naturaleza (13)
near cerca (de) (8)
neat ordenado, -a (A)
necessary: it's — to hay que + *inf.* (13)
neck el cuello (9)
to need necesitar (A); faltar a (12)

neither ... nor ni ... ni (A)
never nunca (A)
new nuevo, -a (A)
news las noticias (11)
newspaper el periódico (13)
next to al lado (de) (10)
nice amable (A); simpático, -a (A)
  it's — out hace buen tiempo (7)
  — to meet you mucho gusto (A)
night la noche (A)
  at — por la noche (A); de la noche (11)
  good — buenas noches (A)
  last — anoche (10)
nine nueve (A)
nine hundred novecientos, -as (10)
nineteen diecinueve (A)
ninety noventa (A)
no no (A)
  — longer ya no (9)
nobody, no one nadie (A)
noon el mediodía (11)
  at — al mediodía (11)
nor: neither ... — ni ... ni (A)
nose la nariz (9)
not no (A)
  — anymore ya no (9)
  — at all no ... nada (A)
  — yet todavía no (11)
notebook el cuaderno (A)
nothing (no ...) nada (9)
November noviembre (A)
now ahora (9)
nowhere (no ...) ninguna parte (7)
number el número (A)
  phone — el número de teléfono (A)
nurse's office la enfermería (9)

ocean el océano (13)
o'clock son las dos, tres, etc. (A)
  it's one — es la una (A)
October octubre (A)
of de, de la, del (A, 10)
  — course ¡claro que sí! (A); por supuesto (13)
  — course not ¡claro que no! (A)

often a menudo (12)
ok bueno (10)
old viejo, -a (A); antiguo, -a (8)
  how — are you? ¿cuántos años tienes? (A)
  how — is ...? ¿cuántos años tiene ...? (A)
  I'm ... years — tengo ... años (A)
older mayor (A)
on en (A)
  — the dot en punto (11)
  — time puntualmente (11)
  — top (of) encima (de) (12)
once una vez (12)
one uno (un), -a (A)
  it's — o'clock es la una (A)
onion la cebolla (A)
only sólo (A)
  — child el hijo único, la hija única (A)
to open abrir (10)
opposite enfrente (de) (10)
or o (A)
  not ... — ni ... ni (A)
orange la naranja (A)
  — juice el jugo de naranja (A)
orange *(color)* anaranjado, -a (A)
order: in — to para + *inf.* (7)
to order pedir *(e → i)* (12)
other otro, -a (A)
ouch! ¡ay! (9)
ought to deber (A)
our nuestro, -a (8)
outgoing sociable (A)

pain el dolor (9)
pants los pantalones (A)
pantyhose las pantimedias (A)
paper el papel (A)
  sheet of — la hoja de papel (A)
parents los padres (A)
park el parque (A)
  amusement — el parque de diversiones (A)
part: to be a — of formar parte de (13)
party la fiesta (A)
to pass pasar (12)
passport el pasaporte (7)

past pasado, -a (7)
  half- — y media (A)
  quarter — y cuarto (A)
pastime el pasatiempo (A)
pastry el pastel (12)
patient *adj.* paciente (A)
to **pay** pagar (A)
peas los guisantes (A)
pen el bolígrafo (A)
pencil el lápiz, *pl.* los lápices (A)
people la gente (13)
  young — los jóvenes (A)
pepper el chile (12); la
  pimienta (12)
  stuffed — el chile relleno (12)
period la hora (A)
person la persona (A)
pharmacy la farmacia (10)
phone el teléfono (A)
  on the — por teléfono (A)
  — book la guía telefónica
   (13)
  — number el número de
   teléfono (A)
photo la foto (7)
physical education la
  educación física (A)
picture la foto (7); el cuadro (8)
  to take —s sacar fotos (7)
pink rosado, -a (A)
place el lugar (7)
  — of interest el lugar de
   interés (7)
to **place** poner (8)
to **plan** pensar *(e → ie) + inf.* (7)
plant la planta (13)
plastic el plástico (13)
  (made of) — de plástico (13)
plate el plato (12)
to **play** *(musical instruments)*
  tocar (A); *(games)* jugar
  (u → ue) (A)
  to — sports practicar
   deportes (A)
plaza la plaza (10)
pleased to meet you mucho
  gusto (A)
P.M. de la tarde, de la noche
  (11)
pocket folder la carpeta (A)
police la policía (10)
  — station la estación de
   policía (10)

polluted contaminado, -a (13)
pool la piscina (A)
post card la tarjeta postal (10)
post office el correo (10)
poster el cartel (8)
potato la papa (A)
  baked — la papa al horno (A)
  French-fried —s las papas
   fritas (A)
to **practice** practicar (A)
to **prefer** preferir *(e → ie)* (A, 8)
  I — me gusta más (A);
   prefiero (A)
pretty bonito, -a (A)
program el programa (11)
to **protect** proteger *(g → j)* (13)
public transportation el
  transporte público (13)
pure puro, -a (13)
purple morado, -a (A)
to **put** poner (8)
pyramid la pirámide (7)

quarter past y cuarto (A)
quesadilla la quesadilla (12)
quiet callado, -a (A)
quite bastante (8)

rain la lluvia (7)
  — forest la selva tropical (7)
to **rain** llover *(o → ue)* (7)
  it's —ing llueve (7)
raincoat el impermeable (7)
rather bastante (9)
to **read** leer (A)
real real (11)
realistic realista (11)
really? ¿de veras? (A); ¡no me
  digas! (A)
to **recycle** reciclar (13)
recycling el reciclaje (13)
  — center el centro de
   reciclaje (13)
red rojo, -a (A)
  — -haired pelirrojo, -a (A)
to **reduce** reducir *(c → zc)* (13)
refried beans los frijoles
  refritos (12)
refrigerator el refrigerador (8)
to **rest** descansar (7)
restaurant el restaurante (10)

to **return** regresar (7);
  (something) devolver
  (o → ue) (10)
rice el arroz (A)
to **ride a bicycle** montar en
  bicicleta (13)
right derecho, -a (9)
  right? ¿verdad? (A)
  — away en seguida (12)
  to be — tener razón (8)
  to the — (of) a la derecha
   (de) (10)
romantic movie la película
  romántica (11)
room el cuarto (8)
round redondo, -a (8)
to **row** pasear en bote (7)
rowboat el bote (7)
ruins las ruinas (7)
ruler la regla (A)

sad triste (11)
said *see* **say**
salad la ensalada (A)
salt la sal (12)
same:
  at the — time a la vez (13)
  the — thing lo mismo (12)
sandwich el sandwich (A)
Saturday sábado (A)
  on — el sábado (A)
  —s los sábados (A)
sauce la salsa (12)
saucer el platillo (12)
to **save** conservar (13)
to **say** decir (13)
  how do you — ...? ¿cómo
   se dice ...? (A)
  it is said ... se dice ... (A)
  you don't — ! ¡no me digas!
   (A)
to **scare** dar miedo a (11)
scarf la bufanda (7)
schedule el horario (A)
school la escuela (A)
  after — después de las
   clases (A)
science las ciencias (A)
science fiction la ciencia
  ficción (11)
  — movie la película de
   ciencia ficción (11)

sea el mar (7)

season la estación, *pl.* las estaciones (A)

second segundo, -a (A)

to **see** ver (A)

  let's — a ver (A)

  — you later hasta luego (A)

to **sell** vender (12)

semester el semestre (A)

to **send** enviar (10)

to **separate** separar (13)

September septiembre (A)

serious serio, -a (A)

to **serve** servir *(e → i)* (12)

to **set** poner (8)

  to — the table poner la mesa (8)

seven siete (A)

seven hundred setecientos, -as (10)

seventeen diecisiete (A)

seventh séptimo, -a (A)

seventy setenta (A)

shame: what a —! ¡qué lástima! (A)

shampoo el champú (10)

sharp en punto (11)

she ella (A)

sheet of paper la hoja de papel (A)

shirt la camisa (A)

shoe el zapato (A)

  — store la zapatería (A)

shop la tienda (A)

  gift — la tienda de regalos (10)

shopping:

  — center el centro comercial (A)

  to go — ir de compras (A)

short *(height)* bajo, -a (A); *(length)* corto, -a (A)

shorts los pantalones cortos (A)

should deber + *inf.* (A)

show el programa (11)

to **show** *(movie or TV program)* dar (11)

sick enfermo, -a (A)

  I feel — me siento mal (9)

silly tonto, -a (11)

sir señor (A)

sister la hermana (A)

sitcom la comedia (11)

six seis (A)

six hundred seiscientos, -as (10)

sixteen dieciséis (A)

sixth sexto, -a (A)

sixty sesenta (A)

to **skate** patinar (A)

to **ski** esquiar (7)

ski cap el gorro (7)

to **skin-dive** bucear (7)

skirt la falda (A)

to **sleep** dormir *(o → ue)* (9)

sleepy: to be — tener sueño (9)

small pequeño, -a (A)

smart inteligente (A)

snack: afternoon — la merienda (A)

  for a — de merienda (12)

snake la serpiente (13)

sneakers los tenis (A)

snow la nieve (7)

to **snow** nevar *(e → ie)* (7)

  it's —ing nieva (7)

so: isn't that —? ¿verdad? (A)

soap el jabón (10)

  — opera la telenovela (11)

soccer el fútbol (A)

sock el calcetín, *pl.* los calcetines (A)

social studies las ciencias sociales (A)

sofa el sofá (8)

soft drink el refresco (A)

some unos, unas (A)

something algo (A)

  — else algo más (12)

sometimes a veces (A)

son el hijo (A)

  —s and daughters los hijos (A)

sorry: I'm — lo siento (A)

so-so así, así (A)

soup la sopa (A)

souvenir el recuerdo (7)

Spanish *(language)* el español (A)

special:

  daily — el plato del día (12)

  house — la especialidad de la casa (12)

spell:

  how do you — … ? ¿Cómo se escribe …? (A)

  it's spelled se escribe (A)

spicy picante (12)

spiral notebook el cuaderno (A)

spoon la cuchara (12)

sports los deportes (A)

  — program el programa deportivo (11)

spring la primavera (A)

square cuadrado, -a (8)

  town — la plaza (10)

stadium el estadio (10)

stamp el sello (10)

to **start** empezar *(e → ie)* (A)

station la estación, *pl.* las estaciones (10)

to **stay in bed: I / you should —** debo quedarme / debes quedarte en cama (9)

steak el bistec (A)

stereo el equipo de sonido (8)

still todavía (9)

stingy tacaño, -a (A)

stomach el estómago (9)

  to have a —ache tener dolor de estómago (9)

store la tienda (A)

  clothing — la tienda de ropa (A)

  department — el almacén, *pl.* los almacenes (A)

  discount — la tienda de descuentos (A)

story *(of a building)* el piso (8)

stove la estufa (8)

street la calle (10)

student el / la estudiante (A)

to **study** estudiar (A)

subway el metro (10)

  — station la estación del metro (10)

sugar el azúcar (12)

suit: bathing — el traje de baño (7)

suitcase la maleta (7)

summer el verano (A)

sun el sol (7)

to **sunbathe** tomar el sol (7)

Sunday domingo (A)

  on — el domingo (A)

  —s los domingos (A)

sunglasses los anteojos de sol (7)

sunny: it's — hace sol (7)

suntan lotion el bronceador (7)
supermarket el supermercado (10)
sweater el suéter (A)
sweatshirt la sudadera (A)
to **swim** nadar (A)
swimming pool la piscina (A)
synagogue la sinagoga (10)

table la mesa (A)
  to clear the — quitar la mesa (8)
  to set the — poner la mesa (8)
tablecloth el mantel (12)
taco el taco (12)
to **take** llevar (7); tomar (9)
  to — out sacar (8)
  to — pictures sacar fotos (7)
  to — a walk ir a pasear (10)
to **talk** hablar (A)
  — show el programa de entrevistas (11)
  to — on the phone hablar por teléfono (A)
tall alto, -a (A)
tape recorder la grabadora (A)
to **taste** probar (o → ue) (12)
tasty sabroso, -a (A)
taxi el taxi (10)
tea el té (A)
  iced — el té helado (A)
to **teach** enseñar (A)
teacher el profesor, la profesora (A)
teeth las muelas (9)
telephone el teléfono (A)
  on the — por teléfono (A)
television la tele(visión) (A)
  to watch — ver la tele(visión) (A)
temple la sinagoga (10)
ten diez (A)
tennis el tenis (A)
terrible terrible (9)
than que (11)
thank you gracias (A)
that que (A); *adj.* ese, esa (A)
  isn't — so? ¿verdad?(A)
  —'s too bad! ¡qué lástima! (A)

—'s why por eso (11)
the el, la, los, las (A)
theater *(movie)* el cine (A); el teatro (10)
their su, sus (8)
them *after prep.* ellos, ellas (3); *dir. obj. pron.* los, las (6); *ind. obj. pron.* les (11)
then luego (10)
there allí (A)
  — is / are hay (A)
  — it is allí está (A)
therefore por eso (11)
these *adj.* estos, estas (A)
they ellos, ellas (A)
thing la cosa (8)
  it's a good — that . . . menos mal que . . . (7)
to **think** creer (A, 9); pensar (e → ie) (11)
  I don't — so creo que no (A)
  I — so creo que sí (A)
  to — about pensar en (11)
third tercer, -a (A)
thirsty: to be — tener sed (A)
thirteen trece (A)
thirty treinta (A)
this *adj.* este, esta (A)
those *adj.* esos, esas (A)
thousand mil (10)
threat la amenaza (13)
three tres (A)
  — -ring binder la carpeta de argollas (A)
three hundred trescientos, -as (10)
throat la garganta (9)
  to have a sore — tener dolor de garganta (9)
  — lozenges las pastillas para la garganta (10)
Thursday jueves (A)
  on — el jueves (A)
  —s los jueves (A)
tidy ordenado, -a (A)
tiger el tigre (13)
time la hora (A, 11); el tiempo (11); la vez (13)
  at the same — a la vez (13)
  at —s a veces (A)
  at what —? ¿a qué hora? (A)
  many —s muchas veces (12)
  on — puntualmente (11)

what — is it? ¿qué hora es? (A)
tired cansado, -a (A)
to a (A)
  in order — para + *inf.* (7)
  — the a la, al (A)
toast el pan tostado (A)
today hoy (A)
  not — hoy no (A)
  what's the date —? ¿cuál es la fecha de hoy? (A)
toe el dedo del pie (9)
tomato el tomate (A)
  — soup la sopa de tomate (A)
tomorrow mañana (A)
too también (A); demasiado (11)
  me — a mí también (A)
toothache el dolor de muelas (9)
  to have a — tener dolor de muelas (9)
toothpaste la pasta dentífrica (10)
top: on — (of) encima (de) (12)
tortilla la tortilla (12)
touching emocionante (11)
town square la plaza (10)
train el tren (10)
  — station la estación del tren (10)
transportation: public — el transporte público (13)
tree el árbol (13)
to **try** probar (o → ue) (12)
T-shirt la camiseta (A)
Tuesday martes (A)
  on — el martes (A)
  —s los martes (A)
to **turn off** apagar (13)
twelve doce (A)
twenty veinte (A)
twin el gemelo, la gemela (A)
two dos (A)
two hundred doscientos, -as (10)
type la clase (11)

ugly feo, -a (A)
umbrella el paraguas (7)
uncle el tío (A)
uncomfortable incómodo, -a (8)

under(neath) debajo de (12)
unfriendly antipático, -a (A)
unpleasant antipático, -a (A)
until hasta (11)
us *after prep.* nosotros, -as (3);
   obj. pron. nos (11)
to use usar (13)
usually generalmente (A)

vacation las vacaciones (7)
   to go on — ir de vacaciones
   (7)
to vacuum pasar la aspiradora (8)
vacuum cleaner la aspiradora
   (8)
VCR la videocasetera (8)
vegetable la verdura (A)
   — soup la sopa de verduras
   (A)
very muy (A); *(in expressions
   with tener)* mucho, -a (9)
video game el videojuego (A)
to visit visitar (7)
volleyball el vóleibol (A)

waiter, waitress el camarero,
   la camarera (12)
walk: to take a — ir a pasear
   (10)
walking a pie (10)
to want querer *(e → ie)* (A, 7)
   I / you — quiero, quieres
   (A)
to wash lavar (8)
to watch ver (A)
water el agua (A)
waterfall las cataratas (7)
we nosotros, -as (A)
to wear llevar (A)
weather el tiempo (7)
   the — is nice / bad hace
   buen / mal tiempo (7)
   — forecast el pronóstico del
   tiempo (11)

what's the — like? ¿qué
   tiempo hace? (7)
Wednesday miércoles (A)
   on — el miércoles (A)
   —s los miércoles (A)
week la semana (A)
weekend el fin *(pl.* los fines)
   de semana (A)
welcome: you're — de nada (A)
well bien (A); *(to indicate
   pause)* pues (A)
   I feel — me siento bien (9)
went fui, fuiste (7, 10)
western la película del oeste (11)
whale la ballena (13)
what? ¿cuál? (A); ¿qué? (A)
   —'s your name? ¿cómo te
   llamas? (A)
when? ¿cuándo? (A); cuando (7)
where? ¿dónde? (A); donde (7)
   — does it hurt? ¿qué te
   duele? (9)
   from —? ¿de dónde? (A)
   (to) —? ¿adónde? (A)
whether si (10)
which?, which one(s)?
   ¿cuál(es)? (A)
white blanco, -a (A)
   in black and — en blanco y
   negro (11)
who que (A)
who? whom? ¿quién(es)? (A)
why? ¿por qué? (A)
   that's — por eso (11)
wind el viento (7)
window la ventana (8)
windy: it's — hace viento (7)
winter el invierno (A)
with con (A)
   — me conmigo (A)
   — you contigo (A)
to withdraw *(money)* sacar (10)
wolf el lobo (13)
woman la mujer (A)
wonderful fantástico (7);
   ¡genial! (A)

wood la madera (13)
   (made of) — de madera (8)
to work trabajar (10)
worse peor (9)
worst el / la (los / las)
   peor(es) (11)
worthwhile: it's (not) — (no)
   vale la pena (13)
would: I — like me gustaría
   (A); quisiera (7)
wow! ¡vaya! (7)
wrong:
   to be — no tener razón (8)
   what's —? ¿qué tienes? (9)

year el año (A)
   I'm ... —s old tengo ...
   años (A)
   to be ... —s old tener ...
   años (A)
yellow amarillo, -a (A)
yes sí (A)
yesterday ayer (10)
yet: not — todavía no (11)
you *fam.* tú ; *formal* usted
   (Ud.), *pl.* ustedes (Uds.)
   (A); *dir. obj. pron.* lo, la,
   los, las (A); *fam. dir. obj.
   pron.* te (8); *formal ind.
   obj. pron.* le, les (9, 11);
   fam. after prep. ti (A, 12)
young joven (A)
   — lady la joven (A)
   — man el joven (A)
   — people los jóvenes (A)
younger menor (A)
your tu, tus (A); su, sus (8)
   what's — name? ¿cómo te
   llamas? (A)
yuk! ¡qué asco! (A)

zero cero (A)
zoo el zoológico (10)

Índice

In almost all cases, structures are first presented in the *Vocabulario para conversar,* where they are practiced lexically in conversational contexts. They are explained later, usually in one of the *Gramática en contexto* sections of that chapter. Light-face numbers refer to pages where structures are initially presented or, after explanation, where student reminders occur. **Bold-face numbers** refer to pages where structures are explained or otherwise highlighted.

ACKNOWLEDGMENTS

Illustrations Tatjana Krizmanic: p. 4; Rob Porazinski: p. 8; Jennie Oppenheimer: pp. 12-13; Dan Clyne: pp. 15, 132, 174-175; Steve Musgrave: pp. 15, 17, 202-203; Rod Vass: pp. 16-17; Evan Schwarze: pp. 16-17, 130, 276-279, 281, 284-287, 289, 298, 304, 311; James Mellett: pp. 24-27, 29, 32-35, 37, 38-39, 46, 51, 61; Mark Murphy: pp. 56-57; Karla Ginzinger: pp. 66-69, 71, 74-79, 87, 94, 97, 103, 290; Lynn Martin: p. 70; George Thompson: pp. 80, 148-149, 151-153, 156-161, 163, 178-179, 187; Tom Bachtell: pp. 82, 226-227; Jim Starr: p. 84; Rick Clubb: p. 92; Sandra Shap: pp. 108-112, 116-119, 121, 127, 129, 134, 136, 143; Dave Miller: pp. 122-123; Joe VanDerBos: pp. 124-125, 183; Tuko Fujisaki: pp. 138-139, 250, 266-267; Hiro Kimura: pp. 192-195, 197, 200-203, 205, 212, 222, 231; Steve Mach: pp. 206-207; Gary Yealdhall: p. 217; Brian Harrold: pp. 224-225; Deborah Melmon: pp. 236-239, 241, 244-247, 249, 256, 262-263, 271; Paul Schulenburg: p. 242; Elizabeth Wolf: p. 251; Patti Green: pp. 252-253; Stacey Schuett: p. 258; Susan Melrath: p. 268; Peg Magovern: p. 293; Leif Peng: p. 302; Jane Mjolsness: pp. 306-307.

Photographs Front Cover: Ken Laffal; Back Cover: Dave Bartruff/Stock Boston; VI: Chip & Rosa Maria de la Cueva Peterson; VII: David R. Frazier Photolibrary; X: Bob Daemmrich/Stock Boston; XI: Courtesy MTV-Latino/Photo by Loren Radade; XII: Jack Demuth for ScottForesman; XIII: Peter Chartrand/DDB Stock Photo; XVIII: Bob Daemmrich/Stock Boston; 2: (t)Stephen Dunn/Allsport; (c)Chip and Rosa María de la Cueva Peterson; (b)Dannemiller/SABA; 3: ©Wendy Walsh; 5: (t)©Jack Parsons; (c)Lee Snider/The Image Works; (b)Brian Seed/Tony Stone Images; 6: Antoine Verglas/Outline; 10-11: Superstock; 10: (inset)Stuart Cohen/Comstock; 14: Focus On Sports; 18: Superstock; 19: (tl)Stephen Dunn/The Image Works; (tr)Chip and Rosa María de la Cueva Peterson; (c)Richard K. Laval/Animals Animals; (bl)©Wendy Walsh; (bc)Owen Franken/Stock Boston; (br)Frerck/Odyssey/Chicago; 20-21: ©Carol Sailors/Sailors Photography; 22: (t)Erich Lessing/Art Resource, New York; (b)Max & Bea Hunn/DDB Stock Photo; 23: (t)Frerck/Tony Stone Images; (b)©Wolfgang Kaehler; 28: Suzanne L. Murphy; 29: (t)Kevin Shafer; (b)David R. Frazier Photolibrary; 30: David R. Frazier Photolibrary; 31: David C. Phillips; 34: Paul von Stroheim/Westlight; 42: (t)(c)Chip and Rosa María de la Cueva Peterson; (b)David Wells/The Image Works; 44: Courtesy María Loxas; 45: Courtesy, Allison Downing; 47: Chip & Rosa María de la Cueva Peterson; 48: (l)David C. Phillips; (r)Superstock; 48-49: ©1989 Glenn Randall; 50: Mark Wagner/Tony Stone Images; 52-53: ©Robert Fried; 54: (t)(cl)(bl)Chip & Rosa María de la Cueva Peterson; (cr)Frerck/Odyssey/Chicago; (br)David R. Frazier Photolibrary; 55: Martha Cooper/Viesti Associates; 59: (t)Cathlyn Melloan/Tony Stone Images; (inset)Kevin Schafer/Martha Hill; (b)(inset)Kevin Schafer; 60: Frerck/Tony Stone Images; 62-63: Superstock; 64: Beryl Goldberg, Photographer; 65: (t)Chris Sharp/DDB Stock Photo; (b)David R. Frazier Photolibrary; 71: (t)David R. Frazier Photolibrary; (b)Cahlus Goldin/DDB Stock Photo; 72: Stuart Cohen/Comstock; 73: (t)Frerck/Odyssey/Chicago; (b)Rob Crandall/The Image Works; 77: Darius Koehli for ScottForesman; 79: (t)David C. Phillips; (b)Vince DeWill/DDB Stock Photo; 81: David C. Phillips; 86: José Carrillo/PhotoEdit; 88-89: Courtesy Mari Haas; 90: Superstock; 93: Superstock; 95: Frerck/Odyssey/Chicago; 96: (t)Owen Franken; (b)Peter Menzel; 98-99: Courtesy William-Sonoma; 100: Superstock; 102: Ken Ross/Viesti Associates; 104-105: Schalwijk/Art Resource, New York; 106: Bob Daemmrich/The Image Works; 107: Victor Englebert; 113: Robert Fried/Stock Boston; 114: Courtesy Carmen Lomas Garza/Photo by Wolfgang Dietz; 115: Frerck/Tony Stone Images; 119: Bob Daemmrich; 131: Alyx Kellington/DDB Stock Photo; 135: David C. Phillips; 142: Bob Daemmrich/The Image Works; 144-145: Frerck/Odyssey/Chicago; 146: (t)Beryl Goldberg, Photographer; (b)Stuart Cohen/Comstock; 147: Beryl Goldberg, Photographer; 150: Beryl Goldberg, Photographer; 154: Eduardo Aparicio; 162: (t)David R. Frazier Photolibrary; 166: Beryl Goldberg, Photographer; 168: G. Azar/The Image Works; 169: Beryl Goldberg, Photographer; 172: Bob Daemmrich/Stock Boston; 173: Ralf-Finn/SABA; 177: Frerck/Tony Stone Images; 181: Tim Gibson/Envision; 188-189: Peter Menzel/Stock Boston; 190: Courtesy MTV-Latino/Photo by Loren Radack; 191: (t)Stuart Cohen; (b)Joe Viesti; 198-199: Courtesy Radio Caracas Televisión, Venezuela/Coral Picture Corporation; 208: (tl)Brown Brothers; (bl)(cr)Archive Photos; (tr)(br)UPI/Bettmann; 213: (t)Darren Carroll/Duomo; (b)Chris Trotman/Duomo; 218-219: ©Emerito Pujol/Courtesy Univisión Network Ltd. Partnership/Sábado Gigante; 221: Larry Mangino/The Image Works; 222: Ulrike Welsch/Stock Boston; 230: Courtesy Radio Caracas Televisión, Venezuela/Coral Picture Corporation; 232-233: Tim Gibson/Envision; 234: (t)Sven Martson/Comstock; (b)Beryl Goldberg, Photographer; 235: Billy Barnes/PhotoEdit; 243: Jack Demuth for ScottForesman; 248: (t)Peter Chartrand/DDB Stock Photo; (b)Frerck/Odyssey/Chicago; 259: Frerck/Odyssey/Chicago; 263: Frerck/Odyssey/Chicago; 270: Superstock; 272-273: ©Robert Fried; 274: Beryl Goldberg, Photographer; 275: (t)Peter Chartrand/DDB Stock Photo; (b)©Mark S. Rampolla; 281: Beryl Goldberg, Photographer; 282: ©Mark S. Rampolla; 283: ©Mary Beth Rampolla; 289: ©Mark S. Rampolla; 297: Courtesy Waste Management; 299: Wayne Lynch/DRK Photo; 300: J.A. Hancock/Photo Researchers; 301: (l)Robert A. Tyrrell/Animals Animals; (r)Richard La Val/Animals Animals; (b)American Museum of Natural History/Eduardo Aparicio; 305: Beryl Goldberg, Photographer.